작은 학교
큰 도전

작은 학교 큰 도전

펴 낸 날/ 초판1쇄 2018년 11월 16일
엮 은 이/ 이동성

펴 낸 곳/ 도서출판 기역
펴 낸 이/ 이대건
편   집/ 책마을해리

출판등록/ 2010년 8월 2일(제313-2010-236)
주   소/ 서울시 서대문구 북아현로 16길7 2층
           전북 고창군 해리면 월봉성산길 88 책마을해리
문   의/ (대표전화)02-3144-8665, (전송)070-4209-1709

ⓒ 이동성, 도서출판 기역, 2018

ISBN 979-11-85057-50-7 03370

이 도서의 국립중앙도서관 출판예정도서목록(CIP)은 서지정보유통지원시스템
홈페이지(http://seoji.nl.go.kr)와 국가자료종합목록시스템(http://www.nl.go.kr/kolisnet)에서
이용하실 수 있습니다. (CIP제어번호: CIP2018032385)

〈건강한 학교이야기를 담은 책학교해리〉

책마을해리는 책과 마을을 관통해 이제 학교 이야기를 담습니다. 우리를 둘러싼 건강한 학교, 책학교해리와 나누세요.

서 로 배 움

지 사 초
사 람 들 의
학 교 혁 신
이 야 기

작은 학교 큰 도전

이동성 엮음

ㄱ

작아서 가능한 일,
자기반성적 글쓰기와 컨퍼런스

오늘날 교육학은 학교교육의 이해와 개선에 어느 정도 관여하고 있는가? 교육대학교와 사범대학의 교사교육자들은 예비교사의 양성과 현직교사의 전문성 발달에 기여하고 있는가? 교대 교수로서의 나는 이러한 두 가지 물음에 '그렇다'고 말할 수 있는 입장이 아니었다. 현직교사 시절에는 이러한 문제의식이 학문을 지속할 수 있는 동력이 되었지만, 대학 교수가 되고 나서는 이러한 의문이 부메랑이 되어 나를 괴롭혔다. 그러나 전라북도 임실군에 위치한 작은 초등학교에서 교직원들과 함께 글을 쓰고, 대화를 나누면서 이러한 물음에 긍정적인 답을 할 수 있었다. 교사교육자로서의 나는 지사초등학교의 사람들과 함께 자기반성적 글쓰기와 컨퍼런스를 시도하였고, 그 결과 '작은' 학교는 '좋은' 학교로 변화하고 있다.

　단위학교를 실질적으로 혁신할 수 있는 주체는 누구인가? 내 생각은 바로 학교에 살고 있는 교직원들이다. 권력이 있는 정치인과 교육 관료가 훌륭한 교육정책을 수립하고, 대학의 연구자들이 교육과정과 수업 이론을 정교화할지도, 학교현장의 사람들이 이를 수용하고 실천하지 않는다면 아무런 소용이 없다. 결국, 학교에 살고 있는 사람들을 움직일 수 있어야 제대로 된 교육정책이나 교육이론으로 볼 수 있다. 정치인, 학자, 언론인, 학부모 등의 간접적 이해당사자들이 교직원들의 교육실천에 직접적인 영향력을 발휘하기는 쉽지 않다. 그러한 맥락에서 단위학교의 혁신은 국가나 도교육청 수준에서 비롯되기보다는, 학교 내부자들의 진정성 있는 성찰과 의식적 실천에서 싹이 튼다고 볼 수 있다.

학교 구성원들은 언제, 어떠한 방식으로 성찰하고 실천하는가? 교사교육자로서 나는 인간의 성찰 및 실천과 관련하여 글과 말의 힘을 믿는다. 자신의 내면을 만날 수 있는 자기반성적 글쓰기, 개인적 이야기를 공동체의 구성원들과 공유할 수 있는 대화의 장이 성찰과 실천을 이끄는 원동력이라고 믿는다. 그렇지만 사람들은 글쓰기를 기피하는 경향이 강하고, 자신의 기억과 체험에 기초한 개인적 글쓰기를 무척이나 부담스러워 한다. 또한, 직장생활에서 개인적인 이야기를 나누는 일은 체면과 염치를 중시하는 한국인의 정서에 어울리지도 않는다. 이러한 이유에서 단위학교의 교직원들이 자기반성적인 글을 쓰고, 한 자리에 모여 그것을 공유하는 일은 무모하면서도 위대한 도전이 아닐 수 없다.

현재 외국의 교육연구 동향은 '자기연구(self-study)'의 시대라고 말할 수 있을 정도이다. 교육연구의 주요한 대상이 더 이상 특정한 집단이나 타자들이 아니라 자기 자신이다. 어찌 보면, 자신 스스로를 연구의 주요한 대상으로 삼는 연구동향은 당연한 측면이 있다. 교육을 실천하는 당사자 자신이 변화하지 않으면, 교육은 아무 것도 바뀌지 않기 때문이다. 이러한 연구동향과 관련하여, 개인의 기억과 체험에 기초하여 학문적인 자기 이야기(self-narrative)를 시도하는 신생 연구방법 혹은 글쓰기가 부상하고 있다. 그것은 바로 '자문화기술지(autoethnography)'이다. 교사교육자로서의 나는 지사초등학교의 교직원들에게 자문화기술지를 소개하고, 자기반성적인 글쓰기를 권유하였다. 또한, 나는 개별 교직원들의 자문화기술지가 개인적인 성찰 수준에 머무는 차원에서 한 걸음 더 나아가, 글쓰기 기반의 집단적이고 공감적인 대화를 시도하였다. 이러한 대화활동이 바로 컨퍼런스(conference)이다.

지사초등학교의 교직원들은 나와 함께 자문화기술지 쓰기와 컨퍼런스를 시도하였다. 교직원들이 자신의 삶에 대한, 그것도 학문적인 글을 쓰는 것 자체가 무모한 일이었고, 교장과 교감, 부장교사, 평교사, 행정실장, 주무관, 교무실무사가 함께 하는 기획은 애초에 실현이 불가능한 '세상에 이런 일이'었다. 그러나 지사초등학교의 사람들은 불가능을 가능으로 바꾸었다. 도대체 이런 일이 어떻게 가능했을까? 혹자는 지사초등학교의 연구부장과 교사교육자가 부부여서, 젊고 유능하며 민주적인 교장과 교감이 있어서, 역량 있는 교사들이 많아서, 정이 넘치는 직원들이 많아서 가능한 일이라고 한다. 그러나 나는 그렇게 생각하지 않는다. 이러한 도전이 가능했던 이유는 바로 지사초등학교가 작아서이다.

　작은 학교는 규모의 특성으로 인해 혁신의 가능성이 크다. 몇 사람들의 노력과 의지만으로도 좋은 학교를 만들 수 있다. 교사교육자와 교직원들이 함께 하는 자문화기술지 쓰기와 컨퍼런스는 작은 학교의 구성원들이 다양한 생각을 나누고, 서로의 입장을 이해하며, 공동의 실천을 모색할 수 있는 기회의 장을 제공하였다. 이 책은 바로 이러한 자기 내러티브와 집단적 성찰 과정을 생생하게 재현하기 위하여 기획되었다. 자문화기술지 쓰기와 컨퍼런스는 2016년 3월에 시작하여 2017년 12월에 종료되었다. 2년 동안 두 차례의 글쓰기 워크숍이 있었고, 열 차례의 자문화기술적 글쓰기와 컨퍼런스가 진행되었다. 편저자는 2017년 4월까지만 글쓰기 및 컨퍼런스에 참여하였다. 왜냐하면, 이후 모임에서는 교사교육자의 특별한 중재와 개입 없이도 글쓰기와 컨퍼런스가 가능했기 때문이다. 단위학교 교직원들의 이러한 자기주도적인 글쓰기와 컨퍼런스는 고무적인 일이 아닐 수 없다.

　제1부 1장은 지사초등학교에 근무했던 한 교무실무사의 학교 및 교직원 스케치로 구성되어 있다. 가장 오래 그리고 낮은 곳에서 학교와 사람들을 묘사한 그의 글은 이 책의 배경을 알리는 데 부족함이 없었다. 제2부는 편저자와 두 학교관리자의 이야기로 구성된다. 편저자는 2장에서 학술논문 형식(초등교육연구, 30권 3호, 71-95)에 기대어 지사초등학교 사람들의 학교혁신 이야기를 서술하였다. 학교장은 3장에서 학교교육에 대한 단상을

솔직담백하게 서술하였다. 그리고 교감은 4장에서 단위학교 기반 자문화기술적 글쓰기의 전형을 보여주었다. 제3부는 6개의 장을 통해 혁신학교 교사들의 도전과 열정을 재현하였다. 강유신 교사는 5장에서 부진학생의 지도경험과 통찰을 고백하였고, 구홍모 교사는 6장을 빌려 마을과 학교의 결합을 통한 학교발전 방안을 서술하였다. 그리고 김진선 교사는 7장에서 농어촌지역 소규모 학교 신임교사의 직업적 삶과 성장을 이야기하였고, 이승민 교사는 8장에서 학교혁신의 진정한 의미와 가치를 되물었다. 또한, 하영화 교사는 9장에서 소규모학교의 평교사가 경험하는 소소한 일상과 성찰을 서술하였으며, 박민봉 교사와 민동원 교사는 10장에서 소규모 학교 교사의 정체성과 역할에 대한 비판적 목소리를 재현하였다. 끝으로, 행정실장과 두 주무관은 제4부의 11장에서 교원이 아닌 직원의 입장과 관점에서 자신들과 학교교육에 대한 생각을 이야기하였다.

이 책을 엮는 데는 상당한 시간과 용기가 필요했다. 우선, 지사초등학교 사람들의 학교혁신 이야기를 세상에 알릴 것인지에 대한 고민이 있었다. 자신의 개인적인 이야기를 세상 사람들에게 들려주기 위해서는 상당한 용기가 필요하다. 고맙게도, 지사초등학교의 모든 사람들은 지난 날의 이야기를 책으로 엮는 데 동의하였다. 자신의 원고를 기꺼이 내어준 지사초 사람들에게 다시 한 번 감사의 인사를 올린다. 한편, 이 책을 엮는 데 가장 헌신을 한 이는 지사초등학교의 연구부장 이승민 교사였다. 그는 글쓰기와 컨퍼런스를 시도할 때 수반되는 심리적 피로감과 부담감을 완화시켜 주었고, 교사교육자와 학교관리자 그리고 교직원들 사이의 마찰과 갈등을 중재하였다. 또한, 그는 원고의 대부분을 수합 및 편집하여 편저자의 수고로움을 덜어주었다. 끝으로, 지사초등학교 사람들의 학교혁신 이야기가 세상의 빛을 볼 수 있도록 행정적 및 재정적 지원을 마다하지 않은 전라북도교육청과 책마을해리 대표께도 심심한 감사의 말씀을 드린다.

2018년 11월

편저자 이동성

변화의 바람을 불러일으킨
돌이켜 살핌

아주 오래 전, 아마도 2011년 무렵 어린이날을 며칠 앞두고 임실군에 있는 작은 학교인 지사초등학교를 찾아갔습니다.

유치원 아이들과 함께 영상 촬영을 하기 위해서였습니다. 어린이날을 맞이하며 교육감인 제가 아이들에게 축하의 인사를 하는 동영상을 찍기 시작했습니다.

연습 없이 바로 촬영으로 들어갔습니다.

"어린이 여러분! 오늘이 무슨 날이지요?"라고 묻자 아이들은 마치 병아리 합창이라도 하듯이 "네에, 어린이날이에요"라고 큰 소리로 대답했습니다.

촬영은 NG 없이 한 번에 마쳤습니다. 저는 물론이고 주위에 계시던 선생님들 모두가 깜짝 놀랐습니다. 예행 연습 한 번도 없이, 마치 그 날이 실제로 어린이날인 것처럼, 아이들은 촬영을 가볍게 끝내줬기 때문입니다.

세월이 흐르고 그 지사초가 혁신학교로 지정되었습니다. 교정이 그림처럼 아름다운 학교, 천사처럼 순백한 아이들이 재잘거리는 곳, 그 아이들을 품 속 깊이 안고 하루하루를 보내고 있는 선생님들의 건강한 숨소리가 들리는 곳, 그곳에서 새로운 도약의 날개가 펼쳐지기 시작한 것입니다.

그 학교가 어떻게 변화의 바람을 일으키고 있을까 궁금했지만 저는 굳이 물어보지 않았습니다.

어느 날 저의 궁금증을 풀어 주는 이야기들이 책의 원고가 되어 저에게 다가왔습니다. '지사초 사람들의 혁신학교 이야기'『작은 학교, 큰 도전』입니다. 이 책의 산파는 전주교육대학교의 이동성 교수입니다.

이 책에는 교장, 교감, 교사의 이야기가 나오고 교무실무사, 행정실장, 행정실의 주무관들의 이야기도 나옵니다.

그들은 스스로 자기 자신의 이야기를 글로 풀어냈습니다. 지사초등학교를 혁신하자는 동일한 목표를 가지고 아이들과 함께 살아온 삶을 조용히 반추해 보았습니다.

자신의 삶을, 각색하지 않고, 말하거나 글로 표현하는 일은 쉬운 일이 아닙니다. 더구나 그 글을 다른 사람들이 읽게 된다는 것에 생각이 미치면 움츠러드는 것이 보통입니다.

열고 싶지 않은 마음들을 열게 해 주는 누군가가 필요했고, 그 누군가의 위치에 서 있는 사람들은 신뢰할 만한 사람이어야 했습니다. 그 사람이 바로 이동성 교수였습니다.

이 책의 첫머리는 교무실무사의 학교 스케치로 시작합니다. 경력교사의 글도 있고, 초임교사의 자기 서술도 있습니다. 아마도 자신의 삶을 열어 보이기가 가장 힘들었을 교장선생님의 자기 이야기(self-narrative)도 있습니다.

이 책에 등장하는 모든 분들의 글쓰기 형식은 자기반성적 글쓰기입니다. '돌이켜 살핌'이라는 '반성'의 문자적 의미에서 알 수 있는 것처럼, 글쓴이들 모두가 자신의 위치에서 걸어온 삶을 돌이켜 살펴보는 형식을 취하고 있습니다.

농촌의 작은학교에서 이런 글쓰기가 가능했던 것은 전문적 학습공동체 활동이 꾸준히 이어져왔기 때문입니다. 지적 토대 구축이 살아 있는 글을 낳게 된 것입니다.

이 책은 누구든지 편안한 마음으로 읽을 수 있습니다. 읽는이의 위치에 따라서 느낌의 결도 다양하게 나타날 것입니다

만추 속으로 깊이 들어와 있는 이 계절에 지사초등학교 이야기에 젖어보시기를 바랍니다.

2018년 11월

전북교육감 김승환

차 례

제1부

한 교무실무사의
학교 스케치

제1장

지사초등학교 사용설명서

홍수미
(지사초등학교 교무실무사)

학교 곳곳에 스민
지사의 아름다운 이야기

오수-산서 간 8시 파란색 버스를 타야 지사초등학교에 갈 수 있다. 요금은 1,350원. 오수로터리에서 5분정도 팔공산 정상을 향해 달리다 보면 낮은 지대에 농사가 잘되고, 아침마다 유난히 안개가 많은 지사면이 나타난다. 그리고 그사이 동화처럼 등장하는 푸른 잔디 위의 지사초등학교! 2008년 새로 지어진 예쁜 건물에 2015년도쯤에 심은 잔디가 듬성듬성 자라고 있다. 할머님들의 3,429,801만 번의 호미질 덕분에 푸른 잔디가 예쁜 건물을 더욱 돋보이게 한다.

연못가에는 실외 운동기구가 옹기종기 모여 있다. 조경에 관심이 많으신 교장선생님의 손길 덕에 정겹게 자리를 잡은 나무와 식물들이 더없이 아름답다. 더구나 올해 새로 지어진 차고까지 더해져 교정이 제법 멋져 보인다. 봄에는 철쭉이, 가을에는 국화가, 뒤뜰에는 보랏빛 맥문동, 마음을 편안하게 해주는 커다란 느티나무가 학교를 보듬고, 해바라기,

바늘꽃, 황금사철, 꽃잔디와 구절초가 해마다 잊지 않고 그 자리를 지켜준다. 관사 옆의 비밀 화원과 고사리 손으로 가꾸는 작은 텃밭이 계절의 변화를 알려주는 정겨운 곳이다.

외로운 스타, 꽃동산 무대 위의 동물 조각상들은 앞에 가득한 철쭉과 뒤로 우거진 대나무 숲의 경호를 받고 있다. 유학센터를 지나면 면사무소와 농협에 곧장 갈 수 있는 지름길이 있음을 지사초 사람들은 다 안다. 학교 현관 입구에는 보기보다 고가의 우산꽂이가 있고, 건물 안으로 들어선 사람들은 김 여사님이 만들어낸 현관바닥의 광택에 감탄을 금치 못한다. 중앙 현관의 우측으로는 행정실, 교장실, 교무실, 강당이 있고, 좌측에는 동그란 하늘이 보이는 작은 식물원과 학년별 교실, 식생활관이 있다.

두 개의 계단 중 중앙계단이라고 불리는 아이는 늘 서로서로 이름을 바꾼다. 7년을 왔다 갔다 해도, 두 계단 중 어느 쪽이 빠른 길인지 아직까지 미스터리이다. 학교는 2층 건물임에도 '고급지게' 자리 잡은 엘리베이터가 있다. 모든 행사를 가능하게끔 하는 시청각실에는 옛날

예식장 의자가 놓여 있는데, 의자 스프링이 많이 가라앉아 있다. 손잡이와 간이 책상의 나무판이 잘근잘근 뜯긴 걸 보니, 학교행사가 지루했거나, 나처럼 집중력이 낮은 아이가 있었음이 분명하리라.

옥상으로 올라가면 학예회 물품 등을 모아놓은 자료실이 나온다. 자료실은 아직 손길이 필요한 공간인데, 여름에 올라가면 땀이 삘삘 나고, 겨울에 가면 추워서 버티기 힘든 곳이다. 식생활관에는 웃음과 정이 많은 여사님과 따스한 방바닥이 있다. 그는 방바닥에 불을 넣고는, 누워서 배를 두드리시며 어서 이리 누우라고 한다. 그곳은 내게 엄마 품 같은 비밀공간이다. 이건 교장선생님께서는 아셔도 모르셔야 한다. 행정실에는 남자 3명, 여자 1명의 직원이 근무하는데, 가장 변화가 많이 일어나는 곳이라 분위기가 자주 바뀌는 편이다. 한 가지 예로, 최근에 행정실의 아들이자 터줏대감이었던 구흥모 선생님이 출생의 비밀을 알게 된 아이처럼, 행정실을 뛰쳐나오고 말았다. 행정실장님이 바뀌면서 갑자기 어색해졌기 때문이다.

지사가족 이야기,
그리고 슬픈 이별

시설관리원 김한근 선생님 노래, 수영, 요가, 요리, 기계, 동물, 농사, 재봉 등 모든 일에 능한 자칭 팔방미인. 우리가 알고 있는 것보다 더 많은 능력이 있지만, 아직 검증이 안 된 능력은 더 많으시다. 수년 째 마흔 아홉이라는 타임 랩에 자신을 가두시고, 외제를 좋아하는 감각 있는 강남스타일 어르신. 지사의 '핵존심'이라 불릴 정도의 강한 자존심이 만들어낸 넓은 어깨, 닳아진 교무실 문턱의 범인. 인생 12,000편의 에피소드 중 부잣집 딸이었던 사모님과 연애하던 시절 껌 하나 사주지 않았다던 짠내 나는 러브스토리, 아들과 며느리의 오작교, 남원 요리학원의 전설로 내려오는 김한근, 한때 강남 도곡동 양복점 사장님 시절에 단골손님으로 등장했던 송대관과 설운도 이야기, '양복멋쟁이 한근' 등 약 30여 편의 이야기가 전설로 남아서 스스로 되풀이되고 있다. 하지만 학교 사람들은 그의 이야기를 철석같이 믿지는 않는다.

조리종사원 한순희 여사님 지사의 살아있는 역사! 나의 가장 오래된 지사친구. 처음부터 지금까지 한결같고 변함없이 포근한 지사엄마. 수줍음이 많은 지사멋쟁이. 보라색 헤어컬러를 초이스하는 과감함을 보이신다. 워크숍이나 회식 때에는 헤어, 의상, 신발을 예의주시해야 한다. 셋 중 하나는 무조건 신상이다.

조리종사원 이종임 여사님 점심시간 전 교무실 문을 열고 다이어트를 위해 급식을 하지 않는 나에게 "수미샘, 점심이요"라고 낮은 목소리로 수줍게 읊조리신다. 다이어트하면, 과일 먹으라고 급식에 과일을 챙겨 주셨는데, 어느 날은 아빠 국그릇에 멜론을 가득 챙겨오는 분이다. (이걸 먹고, 과연 살이 빠질까 싶었음 ㅋㅋ) 요즘엔 TV에서 보셨는지 요리에 들어가야 할 삶은 달걀을 바나나와 함께 접시에 담아 주신다. 무심한 듯 세심하게 챙기셨을 다이어트 식단이 너무 감사해서 내 입꼬리가 씰룩씰룩해진다.

청소를 도와주시는 김정숙 여사님 정형화된 할머니 곱슬머리를 고집하시며, 지사면 할머니답지 않게 발사믹 오일에 통밀빵을 주식으로 드시는 분이다. 옛날 어른들처럼 선생님들을 어려워하시는데, 추운 날에는 어려운 교장, 교감선생님이 계시는 교무실이나 어렵고 어려운 실장님이 계시는 행정실보다는, 비어있는 보육실이 더 좋다고 하신다. 달달한

차, 빵, 떡은 여사님 특유의 귀여운 웃는 얼굴을 볼 수 있게 한다.

최광식 교장선생님 우유 하나 드리러 갔을 뿐인데, 벌떡 일어나서 다다다 걸어 나오시는 분이다. 온몸으로 고마운 마음을 표현하신다. "아이고 미안해서 어떡해요", "아이고 죄송해서 어떡한대요" 등 교과서에 나올 법한 흔한 멘트를 연발하신다. 내가 뭔가 대단한 일을 한 것 같은 착각과 함께 우유배달 하나에도 보람을 느끼게 하는 능력자시다.

김혜숙 교감선생님 교무실을 들어서는 모든 이들이 늘 똑같이 보내는 첫인사 "어머~ 교감 샘이 너무 미인이세요". 교무실 안에서 이 말을 들은 것만 5,687번. 이제 그냥 그런가보다 할 때가 됐음에도 눈웃음 찡긋하고, 옥구슬 웃음소리를 장전한다. 반경 500미터까지도 울린다는 특유의 웃음소리로 한 명, 한 명을 응대해 준다. 립스틱 예쁘게 칠하고 옆에 딱 붙어 있으면 쉽게 미인 계열에 동참할 수 있게 해주는 분이다. 일 년 중 아픔, 피곤, 우울한 날은 세 손가락에 꼽히는데, 그의 에너지를 따라가려면 건강식품으로는 안 된다. 안 될 말이지만, 마약을 하는 방법밖엔 없을 것 같다. 씩씩해 보이는 겉모습과 달리 마음은 여리다. 서구형의 늘씬한 몸매와 예쁜 얼굴에 어울리지 않는 말투를 갖고 있으며, 아가씨 대신 맨손으로 싱크대 거름망을 청소하시는 주부 9단의 반전매력도 뽐낸다. 그러나 가끔씩 품위 유지에 어긋나는 돌발행동도 보이니 곁에서 주의해야 할 분이다.

1학년 강유신 선생님 사랑스러운 여자. 그리고 작은 거인이라 말할 수 있는 진짜 능력자. 번뜩이는 아이디어와 순간순간의 재치는 특히무대 위에서 빛을 발한다. 교장선생님을 들었다 놨다 하는 지사초의 유일한 존재. 가끔씩 번뜩이는 아이디어가 마인드맵 거미줄을 치고 광대역 LTE로 뻗어 나가니 사이사이에 과속방지턱을 잘 설치해 드려야 한다. 알고 보면 겉모습만 어른인 순수덩어리.

2학년 하영화 선생님 아직도 열여덟에 멈춰 버린 소녀감성. 아가들, 고양이, 예쁜 것, 귀여운 것, 그리고 도전정신이 이끈 신상 아이템이 모두 취향저격. 아리따운 여성스러움을 발산하는 쉬폰 블라우스와 짧은 스커트는 그녀만의 트레이드 마크. 아직도 "파란 하늘 꿈이 드리운 푸른 언덕에서 아기염소들"과 뛰노는 지치지 않는 동심으로, 좋아하는 것을 보면 특유의 "우왕~" "흐오옹~" 같은 하이 톤 리액션이 나온다. 그러다 180도 돌변해 카리스마로 아이들을 지도하고, 굵직한 학교일을 뚝딱뚝딱 해내는 서각 아티스트.

3학년 박민봉 선생님 지사초의 청담동 며느리. 라쿤 퍼나 폭스 퍼를 몸에 휘감고 다닐 것 같지만, 집에서는 고구마 껍질을 좋아하는 까

탈스런 푸들을 기르는 동물애호가. 어울리지 않게, 실과 바늘을 들고 다니며 전문가 포스를 풍기더니, 어느새 뜨개질 능력자가 되었고, '낭만 뜨개'라는 호를 갖게 되었다. 함께 얘기하다 보면 신이 나다 못해 객기가 생기게 된다. 중고등학교 시절에 '베프'로 만났다면 같이 사고치는 재미를 알게 해줄 위험한 인물. 그와 함께 얘기하면 자꾸만 조증이 생겨난다. "얼씨구!", "얼씨구야!", "잘한다!"를 연발하면서, 사람을 활기차게 하는 센스가 있어서다.

4학년 이승민 선생님 미래 나의 웨딩플래너로 당첨! 논리적이면서도 여유까지 있는 여자. 아줌마가 되면서 협상능력 아이템을 득템한 데다가, 20대를 뛰어 넘는 정보력까지 겸비한 인물이다. 어려운 시절을 겪지 않고 자랐다면 지금쯤 잘나가는 로펌의 인기 변호사가 되어 미디어를 통해서나 봤을 법한 대단한 여자. 완벽함을 넘어 존경심이 드는 사고력으로 지사초의 해결사를 자청한다. '완벽하면, 차가운 사람'이라는 고정관념을 깨버리는 '허당 승민', '꼽표 승민', '누구보다 빠르게 말하는 승민'으로 자신의 능력을 발휘하는 '참교사 승민'이다.

5학년 민동원 선생님 프로다운 운동신경으로 배구 코트를 날아다니며 뭇 누나들의 마음을 흔드는 지사초의 국가대표. 자녀교육에 관심이 많아 귀요미 아들 서준이와 늘 함께하고, 또 함께해 주고픈 게 많은 멋진 아빠이다. 평소 무뚝뚝하고 조용해서 '핵노잼' 캐릭터를 고수한다. 그러나 혈중 알코올 농도 0.15프로(%) 이상인 상태에 이르게 되면 말이 많아지며, '그렇다면~'이라는 유행어를 탄생시킨 인물이다. 인체가 70프로의 수분과 30프로의 승부욕으로 구성된 생명체이다.

6학년 구홍모 선생님 의리에 살고 의리에 죽는 남자다. 아이들에게 온몸을 내주며 사랑하는 피리를 부는 사나이. '치명적인 나쁜 남자, 옴므파탈'이라고 늘 최면을 거는 듯 하지만, 결국 어쩔 수 없이 태생이 따뜻한 남자. 현모양처인 아름다운 사모님과 최근 2세 탄생으로 즐거운 나날을 보내는 행복한 남자 교사. 말로는 무심한 척해도 사실은 사랑꾼인 순정마초이다.

교과전담 김진선 선생님 원어민 선생님과 자연스런 의사소통이 가능하다. 눈을 감고 들으면 마치 '미드(미국 드라마)' 속으로 들어온 듯한 착각을 일으키는 멋진 언니이다. 최근 동생(조유정 주무관)을 맞이하며 언니라는 자리의 어려움을 느끼고 있는데, 그를 새삼 더 존경하게 되었다. 쿨한 성격과 환하고 밝은 웃음, 그리고 가끔씩 반전 매력을 발산하는 커리어 우먼. 아버지에게만 보여주는 고급 애교와 자신의 이야기를 나눠주며 상대방을 즐겁게 하는 공감능력이 높은 인물이다.

주무관 조유정 선생님 7년을 막내로 지내다가 처음으로 만난 동생이다. 나도 언니처럼 보이고 싶어서 목소리에 힘 좀 주고, 도도한 척해가며 그에게 멋진 경험담 위주로 이야기 들려주고 있다. 유정 샘이 너무나 순수하고 귀여워서 나의 도도함은 자꾸만 무너져 내린다. 이 동생은 덩실덩실 댄스도 잘 춰서 같이 즐거운 시간을 만들고 있다.

친해지면 말을 높였다, 낮췄다 하는 나의 '나쁜 버릇'은 친근함의 표현으로 알아주시는 지사초 식구들을 만나면서 너 이상 '나쁜 버릇이 아니다. 올해는 매 순간순간이 마지막인 것만 같아, 내 눈앞에 웃고 있는 식구들이 더욱 빛나 보인다. 늘 학교를 떠나는 사람들을 보내는 데 익숙했기에, 내가 떠나야만 하는 올 겨울이 유난히도 낯설고 힘들다. 7년 동안의 교무실무사 경험을 통해, 6년의 초등교육을 마치는 우리 아이들보다도 더 많이 배우고 성장한 것 같다. 행복했던 우리들의 지난 일상이 참 뿌듯하고 자랑스럽다. 서투른 것도, 부족한 것도 많아서, 그만큼 부끄러움도 많았던 이 못난이를 무지갯빛 사랑으로 감싸 안아주셨던 지사초 식구들에게 감사의 인사를 올리면서, 이 글을 맺고자 한다.

제2부

교사교육자와 학교관리자의
교육 이야기

제2부 2장에서는 지사초등학교에서 교직원들과 함께 자문화기술적 글쓰기와 컨퍼런스를 시도했던 편저자의 학술적인 이야기를 제시할 것이다. 특히, 2장은 지사초등학교 교원들의 자기이해와 학교혁신 이야기를 학술적으로 풀어냄으로써 단위학교에서의 자기반성적 글쓰기와 집단적인 대화가 교육적으로 어떠한 가능성을 갖고 있는지를 세밀하게 서술하였다.

교사교육자 혹은 교육전문가의 도움이나 중재 없이 자문화기술적 글쓰기와 컨퍼런스가 가능할까? 지사초등학교 교직원들과 함께 한 경험에 비추어보면, 긍정적인 답변을 내놓기는 힘들다. 교직원들은 초입 단계에서 글쓰기 자체에 대한 부담감을 갖고 있었고, '학술적' 글쓰기의 의미와 방식에도 회의적이었다. 그러나 1년이라는 시간이 흘러가자, 그들의 개인적인 기억과 일상은 자기반성적인 글로 전환되었고, 교사교육자를 중심으로 하는 컨퍼런스에서 공감적인 대화가 오갔다. 학술적인 의미에서 볼 때, 교직원들의 글이 엄밀한 '자문화기술지'인가에 대한 의문은 남아 있다. 이러한 이유에서 이 책은 공저가 아니라 편저이다. 그러나 자문화기술지의 적부와 상관없이, 그들의 글에는 일상에 대한 교육적 성찰과 통찰이 스며들었으며, 컨퍼런스에서는 공감적 이해와 집단지성이 가득했다. 특히, 2장은 교사교육자가 단위학교 기반 글쓰기와 컨퍼런스에서 어떠한 기능과 역할을 해야 하며, 그러한 활동이 교육적으로 어떠한 의미가 있는지를 보여줄 것이다.

한편, 효과적인 학교 혹은 좋은 학교를 구성하는 요인들 중에 학교장의 리더십이 손꼽힌다. 쉽게 말해, 좋은 학교에는 좋은 교장이나 교감 선생님들이 살고 있다는 얘기다. 지사초등학교도 예외는 아니었다. 제1장 학교 스케치에서 살펴본 바와 같이, 이 학교의 교장, 교감은 여느 학교관리자들과는 다른 측면이 있다. 무엇보다, 그들은 젊고 열정적인 교육자들이었고, 교직원이나 학부모들과 상호작용을 할 때, 이른바 섬김의 리더십을 보여주었다. 우선, 최광식 교장 선생님은 3장에서 과거 학생 및 교사 시절의 기억을 중심으로 학교교육의 가치와 의미를 정갈한 언어로 표현하였다. 김혜숙 교감 선생님은 4장에서 소규모 학교 혹은 혁신학교의 교감이 어떠한 역할을 해야 하는지를 다정다감하게 서술하였다. 무엇보다, 김혜숙 교감은 자기반성적인 글쓰기와 컨퍼런스에서 가장 모범적인 역할을 수행하였다. 교직문화를 고려해 볼 때, 학교의 관리자들이 교직원들과 동등한 입장에서 자신의 기억과 삶에 대한 글을 쓰고, 대화를 나누기는 쉽지 않다. 이러한 맥락에서, 두 학교관리자의 자기반성적 글쓰기 및 컨퍼런스 참여는 큰 도전이 아닐 수 없다.

제2장

교직원이 함께하는 자기반성적 글쓰기와 컨퍼런스

이동성

(전주교대 교수)

이 글은 이동성(2017)의 "한 소규모 초등학교 교원들의 자기반성적 글쓰기와 컨퍼런스의 교육적 가능성에 대한 질적 사례연구. 초등교육연구, 30(3), 71-95"를 수정한 것임을 밝힙니다.

Ⅰ. 들어가며

농어촌지역 소규모 초등학교를 되살리기 위해서는 교원들의 역할이 무엇보다 중요하다. 즉, 교원들은 농어촌지역 소규모 초등학교의 부활을 위한 최후의 보루이자 방아쇠 역할을 수행한다. 그러나 불행히도, 오늘날 농어촌지역 모든 교원들이 이러한 역할을 자각하고 있다고 단언할 수 없다. 왜냐하면, 교원들이 이러한 자각에 도달하기 위해서는 비판적 성찰이 필요하기 때문이다. 자기 검토 및 자기 평가의 과정인 비판적 성찰은 교원들의 전문적 성장을 촉진하고 교수적 실천을 개선하는 데 효과적이다(Lakshmi, 2014: 189; Shandomo, 2010: 103). 왜냐하면, 교원들은 비판적 성찰을 통해 자아와 타자, 그리고 대상세계와 관련이 있는 자신의 교수 경험, 가치, 신념, 지식 등을 새롭게 재검토할 수 있기 때문이다. 즉, 성인 학습자인 교원은 비판적 성찰을 통해 자신의 교육적 행위를 이끄는 전제와 가정을 명료화할 수 있으며, 특정한 전제와 가정의 역사적 및 문화적 기원을 파헤침으로써 그러한 전제의 의미에 대한 의문을 제기하고, 대안적인 행위 방식을 모색할 수 있다(Shandomo, 2010: 101). 또한, 교원들은 비판적 성찰을 통해 현재 압도적으로 우위를 점하고 있는 사회적, 정치적, 문화적, 전문적 행위 방식에 도전함으로써 일상적인 교육실천을 개선하기 위한 지식을 창조하고, 반성적 실천을 도모할 수 있다(Brookfield, 1995).

비판적 성찰에서 비롯된 반성적 실천은 최근 교사교육 분야에서 강조하고 있는 주요한 개념 가운데 하나이다(김순희, 2009; Elliott-Johns, 2014). 반성적 실천은 사고와 행위의 대화이며, 지속적인 학습과 개선을 위한 개인적인 헌신이자, 전문적인 실천을 위한 교원으로서의 책무를 기꺼이 수용하려는 의지로 볼 수 있다(Jones, 2014: 3). 반성적 실천가로서 교원은 비판적 탐구나 메타인지 등과 같은 고등사고능력을 발휘함으로써 특정한 행동과 사건의 이해를 위한 사회문화적 맥락(교수법, 교육과정, 학교교육을 둘러싼 지적, 사회적, 윤리적 맥락 등)을 포착할 수 있다(Hatton & Smith, 1995; Cole & Knowles, 2000). 또한, 반성적 실천가로서 교원은 자신의 경험에 대하여 성찰하고 배우며, 지속적인 탐구를 시도하고, 대안적인 관점과 지식, 이해방식에 열린 태도를 보이며, 사고의 과정에서 자신을 발견한다(Larrivee, 2009).

우리나라는 학교 교원들로부터 이러한 자기반성적 실천을 이끌어내기 위하여 수업장학 및 수업평가, 수업컨설팅, 실행연구, 수업비평 등의 제도적 및 대안적 접근을 지속적으로 시도하였다(김순희, 2009). 하지만 김순희(2009)의 연구결과에서 확인할 수 있는 것처럼, 수업장학과 수업 평가는 교원들의 능동성과 상호협력을 이끌어 내는 데 제한적이며(김순희, 2009), 수업컨설팅, 실행연구, 수업비평 등의 대안적 접근은 실제적 인 운영 및 현실적인 적용 측면에서 여전히 한계를 노정하였다(김순희, 2009). 이러한 맥락에서 최근에는 교원들을 대상으로 한 교사교육에서 새로운 자각과 경험, 그리고 반성적인 리더십을 개발하기 위한 도구로 서 자기반성적 글쓰기와 컨퍼런스(conference)가 새로운 대안으로 급 부상하고 있다(Göker, 2016: 64).

교원의 능동성과 상호협력을 강조하는 자기반성적 글쓰기와 컨퍼런 스는 성찰과 탐구를 할 수 있는 문서를 제공하고, 교수적인 관심과 실 천에 대한 상이한 접근과 분석을 가능케 하며, 자기 연구와 협력적 연구 를 촉진하고, 교원의 전문적 발달과 평생교육을 위한 자원이 될 수 있 다(Burton, 2009: 9; Watson, 2010: 11). 특히, 자기 자신을 글쓰기의 대 상으로 삼는 자기반성적 글쓰기는 반성적 실천을 유도하기 위한 적절 한 수단이 될 수 있다(Bullough & Pinnegar, 2001; Knowles & Holt-Reynolds, 1991). 왜냐하면, 자신을 글감으로 삼는 자기반성적 글쓰 기는 교원의 자아를 보다 넓은 사회경제적, 정치적, 역사적 맥락 및 조 건에 연결함으로써 자신의 교육적 신념과 가치에 대한 자기이해를 촉 발하고, 교육적 실천을 개선하는 데 유용하기 때문이다(이혁규, 2012;

Bullough & Pinnegar, 2001; Chang, 2008). 이러한 이유에서, 개인적인 교육 이야기를 사회문화적 맥락과 조건에 연결하는 자기반성적 글쓰기는 교원의 전문성 신장을 위한 연구방법으로 각광받고 있다(Chang, 2008).

한편, 교원들의 자기반성적 글쓰기에 대한 국내외 선행연구들(이동성, 2013; 이정아, 2010; Elliott-Johns, 2014; Göker, 2016; McCallum, 2013; Knowles & Holt-Reynolds, 1991; Shandomo, 2010; Walker, 2006; Watson, 2010)은 주로 교사교육자나 예비교사들의 글쓰기로 한정되었으며, 저널 쓰기가 대부분이었다. 또한, 교원의 자기반성적 글쓰기에 대한 선행연구는 예비교사들의 현장실습, 교원양성 대학의 교육과정과 수업에 주목하였고(이동성, 2013), 반성적 저널의 유형과 성찰의 수준을 가늠하는 데 머물러 있었다(Göker, 2016).

이러한 국내외 연구동향은 단위학교 기반의 자기반성적 글쓰기가 교원들의 실제적인 전문성 신장 및 학교교육의 개선과 관련하여 어떠한 교육적 가능성이 있는지를 해명하는 데 제한적이었다. 또한, 반성적 글쓰기에 대한 국내외 선행연구는 주로 개별 저널의 유형과 성찰의 수준 분석에 주목함으로써 자기반성적 글쓰기를 집단적으로 표현하고, 공유할 수 있는 협의의 장을 마련하지 못하였다. 단위학교 교원들의 반성적 실천을 촉발하기 위해서는 자기반성적인 글쓰기뿐만 아니라, 그것을 동료들과 한자리에서 대화하고 공유할 수 있는 추가적인 컨퍼런스와 교사교육자의 피드백도 아울러 중요하다(이정아, 2010: 379). 즉, 단위학교의 교원들은 자기반성적 글쓰기 자료에 기초한 컨퍼런스를 통해 집단지성의 장을 마련할 수 있으며, 교사교육자의 전문적인 코칭을 통해 자기반성적 글쓰기의 효과를 배가시킬 수 있다. 특히, 소규모 초등학교(전교생 60명 미만, 6학급 이하의 작은 학교)는 도심지역의 거대학교에서와는 달리, 단위학교의 모든 교원들(8명~9명)이 한자리에 모여 제한된 시간(2시간 전후) 안에 자기반성적인 글을 발표하고, 공유할 수 있는 물리적 환경을 제공하는 측면에서 제도적 장점을 갖고 있다.

따라서 이 연구는 농어촌지역 한 소규모 초등학교 교원들(교장, 교감, 부장교사, 평교사)의 반성적 글쓰기 및 컨퍼런스 참여경험 사례를 해석적으로 분석함으로써 소규모 단위학교의 이해와 개선을 위한 자기반성적 글쓰기와 컨퍼런스의 교육적 가능성을 탐색하고자 한다. 이러한 연구목적을 달성하기 위한 연구 질문은 다음과 같다. "지사초등학교의 교원들은 1년 동안의 자기반성적인 글쓰기와 컨퍼런스를 통하여 어떠한 교육적 가능성을 발견하였는가?" 이 연구의 결과는 소규모 단위학교 교원들의 자기반성적 글쓰기와 컨퍼런스의 교육적 가능성을 조명함으로써 교원의 전문성 신장과 소규모 초등학교의 개선을 위한 실천적 단초를 제공할 것이다.

II. 전문성 신장과 학교개선을 위한 자기반성적 글쓰기

자기반성적 글쓰기의 유형 및 방법으로는 온라인을 통한 개인적 저널 쓰기(McCallum, 2013), 반성적 저널쓰기(Watson, 2010), 집단적(소집단) 저널쓰기(Trites, 2009), 자서전적 글쓰기(Romero, 2009; Knowles & Holt-Reynolds, 1991), 내러티브에 기초한 글쓰기(Casey, 1995), 자기-연구(Bullough & Pinnegar, 2001) 및 자문화기술적 글쓰기(Chang, 2008) 등이 있다(Burton, et al., 2009: iv; McCallum, 2013: 24). 특히, 자서전, 자기-연구, 자문화기술지에 기초한 자기반성적 글쓰기는 교원의 교육적 탐구를 위한 강력한 도구가 될 수 있다(Bullough & Pinnegar, 2001; Knowles & Holt-Reynolds, 1991). 즉, 교원들은 자아를 중심으로 한 자기반성적 글쓰기를 분석하고, 해석하며, 대화함으로써 일상의 실천과 동기, 관점, 신념을 재고할 수 있다(Bailey et al., 1996). 또한, 자아를 중심으로 하는 자기반성적 글쓰기는 개인적인 차원뿐만 아니라, 사회적 및 집단적인 수준에서도 활용가능하기 때문에 소집단 단위에서도 사용할 수 있으며, 추가적으로 협력적 대화(conference)를 통하여 느슨하면서도 강력한 학습공동체를 형성할 수 있다(Burton, 2009; Hawkins & Irujo, 2004; Zeichner & Liston, 1996).

자기반성적 글쓰기는 내가 누구이고, 나는 무엇을 하는지를 자문하기 때문에 대단히 고통스럽고, 감성적이며, 미학적인 노동이다(Kamler & Thomson, 2006: 4). 이러한 맥락에서 Bullough & Pinnegar(2001)의 자기반성적 글쓰기(자서전 혹은 자문화기술지 쓰기) 지침은 주목할 만한 가치가 있다. 첫째, 저자인 교원은 자신의 전문적 성장과 동료들의 교수적인 난점 및 딜레마를 연결하기 위하여 매력적으로 글을 써야 한다. 둘째, 교원은 자기반성적인 글쓰기를 시도할 때, 결정적이고 문제적인 상황에 주목하여 통찰과 해석을 기술해야 한다. 셋째, 교원은 최대한으로 정직하게 사건과 사실을 기술하고, 자신의 편견과 선입견을 용기 있게 드러내어야 한다. 넷째, 교원은 교수학습과 관련한 이슈에 집중하고, 제기된 교육적 딜레마에 대한 해법에 주목해야 한다. 다섯째, 교원은 자기반성적 글쓰기를 할 때, 자신보다는 타자들의 학습에 관심을 기울이고, 연대기적 글쓰기와 같은 방법을 통해 간결하게 글을 써야 한다. 마지막으로, 교원은 특수한 장면이나 드라마틱한 상황에 주의를 기울이고, 실제적인 교수적 결점이나 어려움에 대하여 신선한 관점을 솔직하게 서술해야 한다(Bullough & Pinnegar, 2001; Burton, et al., 2009). 이 글의 저자는 이와 같은 Bullough & Pinnegar(2001)의 자기반성적 글쓰기 지침에 따라 지사초등학교 교원들의 자기반성적인 글쓰기를 지도 및 안내하였다.

한편, 교원의 전문성 신장을 위한 자기반성적 글쓰기 관련 국내외 선행연구(이동성, 2013; 이정아, 2010; Elliott-Johns, 2014; Göker, 2016; McCallum, 2013; Knowles & Holt-Reynolds, 1991; Shandomo, 2010; Walker, 2006; Watson, 2010)는 주로 대학의 교사교육자나 예비교사들로 한정되어 있었으며, 저널 쓰기를 중심으로 교수·학습과 평가방식을 개선하고자 하였다. 즉, 자기반성적 글쓰기에 대한 국내외 선행연구는 교사교육자나 예비교사들의 현장실습, 정규 교육과정과 수업, 현장 수업을 주요한 연구대상으로 설정하였는데(이동성, 2013), 주로 반성적 저널 쓰기의 유형과 그에 따른 반성적 성찰의 수준을 분석하였다(Göker, 2016). 그러나 이러한 국내외 연구동향은 자기반성적 글쓰기가 단위학교 교원들의 실제적인 교육실천 및 개선과 어떻게 연결되는지를 해명하는 데 제한적이었다.

이러한 맥락에서 남미자 외(2014)의 연구결과는 이 연구의 목적에 시사하는 바가 크다. 그들의 연구결과에 따르면, 현장교사들(초·중·고등학교 교사 39명)은 자기반성적 글쓰기를 통해 배움 중심 수업의 의미와 특징을 포착할 수 있었다. 또한, 현장교사들은 자기반성적 글쓰기에 기초한 성찰을 통하여 자신들의 교수적 삶을 되돌아보게 되었고, 학생들과 함께 성장할 수 있는 기회를 얻게 되었다(남미자 외, 2014: 60). 이 선행연구는 학교에 근무하고 있는 현장교사들이 자기반성적인 글쓰기를 통해 교실수업에 대한 교육적 통찰을 확장한 측면에서 연구의 가치가 높다. 그러나 이러한 학술적 유용함에도 불구하고, 이 연구는 다음과 같은 한계점을 지니고 있었다. 첫째, 그들의 연구는 단위학교 기반의 지속적인 연구가 아니었으며, '배움 중심 수업'이라는 특정한 주제에 한정하였다. 둘째, 이 연구는 연구대상을 현장교사들로 제한함으로써 단위학교 운영의 또 다른 주체인 교감 및 교장의 이야기를 포괄하는 데 제한적이었다. 셋째, 그들의 연구는 자기반성적 글쓰기의 교육적 가능성에는 주목하였으나, 이러한 자기반성적 글쓰기를 기초로 한 컨퍼런스의 교육적 가능성에 주목하지 못한 한계가 있었다. 따라서 이 글은 한 소규모 초등학교 교원들의 반성적 글쓰기와 연속적인 컨퍼런스 참여경험을 해석적으로 분석함으로써 자기반성적 글쓰기 및 컨퍼런스의 교육적 가능성을 조명하고자 한다.

III. 연구방법

1. 연구의 배경 및 연구 참여자들

이 연구의 배경인 지사초등학교에 대한 기술에 앞서 저자인 나의 역할과 위치, 그리고 상황을 밝히고자 한다. 나는 현재 한 교육대학교 및 교육대학원에서 교사교육자로 살아가고 있다. 교사교육자로서 나는 예비교사들을 가르치면서 자기반성적 글쓰기와 협력적 대화의 교육적 가능성을 자각하게 되었다. 특히, 나는 현장교원들의 비판적 성찰과 반성적 실천을 유도하기 위한 자기반성적 글쓰기의 한 방법으로 자문화기술적 글쓰기(autoethnographic writing)에 주목하게 되었다. 왜냐하면, 교사교육자로서 나는 자문화기술적 글쓰기를 통하여 현장교사의 삶과 앎을 연결하는 시도를 한 경험이 풍부하였기 때문이다. 이러한 나는 전문성 신장 및 학교 개선을 위한 교원연수 프로그램에서 한 소규모 초등학교 교원들의 글쓰기 및 컨퍼런스에 참여할 수 있는 기회를 갖게 되었다.

우선, 이 연구의 범위를 명료화하면 다음과 같다. 아래 〈표 Ⅲ-1〉에서 확인할 수 있는 것처럼, 지사초등학교는 지사면의 절대학교(1개면 1개교 정책)로서 지역사회에 기여하고 있지만, 해마다 급감하는 학생 수로 인하여 상당한 어려움을 겪고 있다. 따라서 지사초등학교의 교원들과 학부모들은 농어촌지역의 '작은 학교'를 '좋은 학교'로 전환하기 위하여 교장공모제와 혁신학교를 신청하였다. 학교 구성원들의 이러한 노력으로 인하여, 지사초등학교는 2016년 3월에 혁신학교로 지정되었다.

〈표 Ⅲ-1〉 지사초등학교 학생 수(2017년 4월 기준)

성별 \ 수	1학년	2학년	3학년	4학년	5학년	6학년
남	1	1	4	3	3	1
여	2	1	1	0	4	2
계	3	2	5	3	7	3

2015년 교장공모제로 지사초등학교에 부임한 최광식 교장은 전문직(장학사) 출신의 젊은 관리자로서 온화한 인품과 높은 전문성을 바탕으로 민주적으로 학교운영을 하는 교원이다. 김혜숙 교감은 비교적 빠르게 승진을 한 교원인데, 긍정적인 마인드와 포용적인 리더십으로 지역사회와 학부모들로부터 신망이 두터운 인물이다. 교무업무를 맡고 있는 강유신 교사는 매사 적극적으로 학교업무를 처리하고, 신명나게 수업을 하는 경력교원이다. 혁신학교의 연구부장을 맡고 있는 이승민 교

사는 경력교사에 걸맞은 교수 전문성을 갖고 있으며, 합리적으로 학교 업무를 처리하는 교원이다. 방과후 부장을 맡고 있는 구홍모 교사는 농어촌지역 마을학교를 만드는 데 각별한 관심과 전문성이 있으며, 하영화 교사는 매사 묵묵하게 자신의 일을 처리하는 믿음직한 교원이다. 끝으로, 대찬 성격을 지닌 박민봉 교사는 능수능란하게 교실수업과 학교일을 처리하는 경력교사이며, 나이와 경력이 비교적 낮은 김진선 교사는 새로운 것을 배우는 태도가 남다른 교원이다. 이러한 연구 참여자들의 인적 특성을 간략하게 제시하면, 아래 〈표 Ⅲ-2〉와 같다.

〈표 Ⅲ-2〉 **연구 참여자들의 특성**(2017년 4월 기준)

교원 ＼ 특성	세대	성별	직위	업무	소속교 근무경력
최광식	50대 초	남	교장	통할	3년차
김혜숙	40대 말	여	교감	관리	4년차
강유신	40대 중	여	담임교사	교무	4년차
이승민	40대 중	여	부장교사	연구	4년차
구홍모	40대 초	남	부장교사	방과후	6년차(연장 근무)
하영화	30대 중	여	담임교사	도서/평가	4년차
박민봉	40대 초	여	담임교사	체육/정보	3년차
김진선	30대 초	여	교과전담	과학/보건	2년차

2. 자료의 수집 및 분석, 타당도 작업

자료의 수집 및 분석 방법을 기술하기에 앞서, 이 연구가 왜 교원들의 자문화기술적 글쓰기와 컨퍼런스에 주목하였는지에 대한 이유를 제시하고자 한다. 자기연구에 기초한 자기반성적 글쓰기는 교원들(교사, 교감, 교장)이 자신의 교육적 실천을 되돌아볼 수 있는 참여적이고 협력적인 실행연구의 하나이다(박창민, 조재성, 2016; 황혜영, 2013; Burns, 1999; Hamilton & Pinnegar, 1998; Mills, 2011). 특히, 자기연구 혹은 자문화기술지에 기초한 자기반성적 글쓰기는 교육적 실천(수업 등)에 대한 개방적인 의사소통과 아이디어를 교류하게 하고, 학교교육에 대한 심층적 이해와 새로운 관점을 형성하며, 교원들의 반성적 실천을 확장하는 데 유용하다(박창민, 조재성, 2016: 140; Loughran & Northfield, 1998: 7). 이러한 이유에서 이 연구는 지사초등학교 전체 교원들(전담교사 1명 제외, 개인사유)을 대상으로 1년(2016.03.28 ~ 2017.04.17, 매월 4주차 월요일 오후) 동안 자료를 수집 및 분석하였다.

나는 글쓰기 및 컨퍼런스에서 교원들이 어떠한 교육적 가능성을 발견하는지를 살펴보기 위해 글쓰기 자료, 컨퍼런스 참여관찰 자료, 인터뷰 자료를 수집하였다. 우선, 전체 교원을 대상으로 자문화기술지 쓰기에 대한 방법적 민감성을 높이기 위해 한 차례의 글쓰기 워크숍(2016.03.28)을 실시하였고, 총 여덟 차례(2016.04.18/ 2016.05.23./ 2016.06.30./ 2016.09.26./ 2016.10.31./ 2016.11.28./ 2016.12.02./ 2017.04.17)의 글쓰기 및 컨퍼런스를 실시하였다. 1년 동안 수집한 자기반성적 글쓰기는 총 67매였는데, 이 중에는 학교 직원인 행정실장, 주무관, 2017년도 복직교사의 글(3매)도 포함되어 있다. 나는 완전한 관찰

자(full participant)의 입장에서 총 8회기의 컨퍼런스를 참여관찰하였으며, 휴대폰을 통하여 컨퍼런스에서 발생한 발화(약 16시간 분량)를 음성녹음하고, 전사하였다. 또한, 연구의 국면 및 필요에 따라 일부 교원들(교장, 교감, 연구부장)을 대상으로 추가적인 인터뷰를 실시하였다.

이 연구는 수집된 자기반성적 글쓰기 자료(67매), 컨퍼런스 참여관찰 일지(8매), 컨퍼런스 음성녹음 자료(8회기), 개별 인터뷰 자료(3명)를 대상으로 주제 분석 방법 가운데 하나인 지속적 비교분석(constant comparison)을 시도하였다. 지속적인 비교분석의 결과, 다음과 같은 세 가지의 핵심주제를 생성하였다: ①수평적인 참여를 통한 민주적인 학교운영의 토대 마련, ②지속적인 경험학습을 통한 교수 전문성의 심화, ③공감과 감정이입에 기초한 전문적 학습공동체의 구축.

한편, 이 연구는 최종적인 연구결과에 대한 타당성과 신뢰성을 확보하기 위하여 다음과 같은 타당도 전략을 구사하였다. 첫째, 이 연구는 자기반성적 글쓰기와 컨퍼런스에서 비롯되는 교육적 가능성을 포착하기 위해 자기반성적인 글쓰기 자료에 대한 문서분석뿐만 아니라, 참여관찰 일지, 인터뷰 전사본 등의 다양한 자료를 수집 및 분석하였다. 둘째, 이 연구는 연구결과에 대한 신뢰성을 확보하기 위하여 비교적 긴 시간(1년)을 설정하여 사례연구를 수행하였고, 교장 및 교감, 부장교사, 평교사 모두를 연구의 참여자로 선정하였다. 셋째, 이 연구는 최종적인 분석 및 해석에 대한 타당성을 확보하기 위하여 모든 참여자들을 대상으로 구성원 검증을 실시하였다. 또한, 학술발표의 기회를 통해 다섯 명의 교육전문가로부터 연구결과에 대한 동료자 검증(peer checking)을 받았다.

IV. 연구 결과

1. 수평적 참여를 통한 민주적 학교운영의 토대 마련

지사초등학교의 교원들은 교사교육자(연구자)와 함께하는 자기반성적 글쓰기와 컨퍼런스를 통하여 민주적인 학교운영을 위한 토대를 구축할 수 있었다. 즉, 지사초등학교의 교원들은 자기반성적 글쓰기와 컨퍼런스를 통하여 기존의 상이한 지위와 역할에서 비롯된 위계적 권력관계를 수평적 권력관계로 전환하고, 단위학교 운영에서 수반되는 실제적인 교육 이슈(교직문화, 학생자치, 학부모의 학교교육 참여 등)를 공유하고 논의함으로써 교원과 학생들, 그리고 학부모들의 상황과 입장 차이를 좁히게 되었다. 세부적인 연구결과는 다음과 같다.

지사초등학교의 연구부장과 나(저자)는 농어촌지역의 '작은 학교'를 '좋은 학교'로 전환하기 위하여 모든 교원들이 함께하는 자기반성적 글쓰기와 컨퍼런스를 기획하였다. 그러나 자신의 내밀한 경험과 기억을 솔직하게 이야기해야 하는 자기반성적 글쓰기는 여러 참여자들에게 심리적 부담감과 거부감을 유발하였다. 가령, 교장과 교감은 자기반성적 글쓰기에서 비롯되는 자기노출로 인하여 관리자로서 권위를 상실할 위험성이 있었으며, 부장교사나 평교사들도 동료 교원들에게 교수적 약점과 한계를 노출함으로써 위기에 봉착할 수도 있었다. 자기반성적 글쓰기와 컨퍼런스를 둘러싼 이러한 심리적 부담감과 거부감은 글쓰기 및 컨퍼런스 자체에서 파생되었기보다는, 기존 단위학교의 위계적인 미시-정치적 권력관계(micro-political power relationship)에서 비롯되었다. 특히, 두 관리자들은 처음에 동등한 글쓰기 및 대화방식에 난색을 표명하였다. 그들은 동등한 참여방식이 나머지 교원들의 자유로운 글쓰기와 컨퍼런스를 방해할 것이라 염려하였다.

> 연구자: 교장선생님께서 글쓰기와 협의회에 꼭 참여하시면 좋겠어요.
> 학교장: (난감해 하며) 학교장이 참석하게 되면, 우리 학교 선생님들이 자유롭게 이야기를 하지 못할 것 같은데요. 더군다나 교장도 자기 이야기를 쓰라고 하니 참으로 난감하네요. 솔직하게 이야기를 쓰면, 선생님들이 불쾌해 하지 않을까요? 아무래도 교장이나 교감은 빠지는 것이 좋을 것 같은데요.
> 연구부장: 우리 학교가 진정으로 혁신을 지향한다면, 이러한 관계부

터 깨어야 한다고 생각해요. 교장 선생님과 교감 선생님도 참여하는 것이 꼭 필요합니다. 왜냐하면, 부장교사나 평교사만 셀프 스터디를 한다면, 이것은 반쪽짜리에 불과한 거죠.

교감: 일단, 두 분의 말씀은 충분히 이해했고요. 조금만 생각할 시간을 주세요.

(2016. 03. 28. 교장실. 참여관찰 자료)

앞의 대화 장면에서 확인할 수 있는 것처럼, 연구부장과 나는 오히려 수평적 글쓰기와 컨퍼런스를 통하여 이러한 위계적 권력관계와 교직문화를 해체할 수 있다고 판단하였다. 왜냐하면, 단위학교의 모든 교원들이 동등한 입장에서 글을 쓰고, 대화를 나누는 활동은 단순한 참여방식 차원에 머무르는 것이 아니라, 그 자체가 민주적 학교운영을 위한 작은 실천이었기 때문이다. 따라서 연구부장은 민주적 학교운영을 위해 교장과 교감도 자기반성적 글쓰기와 컨퍼런스에 참여할 것을 종용하였고, 교장과 교감은 끝내 연구부장의 권유를 뿌리치지 못하였다. 교장과 교감은 연구의 초기국면(4월 및 5월)에서 약간의 어색함과 불편함을 호소했지만, 이후 단계에서는 자연스럽게 글쓰기와 컨퍼런스의 일원이 되었다. 그들은 부장교사 및 평교사들과 함께 글을 쓰고 대화를 나누면서 관리자로서의 입장과 생각을 솔직하게 이야기할 수 있었고, 교원들의 상이한 상황과 고민을 경청하고 이해할 수 있었다. 또한, 지사초등학교의 부장교사나 평교사들도 교장과 교감의 자기반성적인 글을 읽고, 대화를 나누면서 그들에 대한 불신과 오해를 점차적으로 불식시킬 수 있었다.

지금도 가끔 그때의 경험을 되살리곤 한다. '나도 누군가에게 큰 도움이 될 수 있는 일을 할 수 있을까?' '다른 사람의 인생의 방향을 설정하는 데 조그만 도움을 줄 수 있을까?' "우리 학교에는 변변한 선배나 관리자가 없어요." 그런 식으로 말하는 젊은 교사들이 적지 않은데, 사실은 변변치 못한 선배나 상사에게도 배울 점이 많다. 반면교사라는 말도 있듯이, 바로 그 변변치 못한 부분이 훌륭한 교훈을 가르쳐 준다.
(2016. 10. 31. 최광식 교장의 자기반성적 글쓰기 중 일부)

교사시절에 마당 쓸려고 빗자루 들었는데, 마당 쓸라 하시는 관리자 분들에게 예민했던 나였다. 그래서 난 관리자가 되면 '선생님을 믿고 기다리는 사람'이 되어보기로 마음먹었다. '가르침'이라는 것이 듣는 교사들에게는 잔소리로 여겨짐을 잘 알기에. 이러한 마음가짐으로 함께한 지 1년 반. 신기하게도 샘들이 내 마음을 알아주고 통하기 시작했다. 작게나마 나에게 감동을 주었던 선생님들의 사례를 적어본다.
(2016. 05. 23. 김혜숙 교감의 자기반성적 글쓰기 중 일부)

지금 와서 생각해 보면, 그 때 참 잘한 거 같아요. 교장 선생님과 교감 선생님이 글쓰기에 같이 참여하는 거요. 참으로 쉽지 않은 일이었는데……. 우리 학교 교장 선생님과 교감 선생님이 사실 대단한 분들이죠. 교장이나 교감이 교사들과 함께 글을 쓴다고 하면, 많은 사람들이 놀랄 겁니다. 바로 "세상에 이런 일이"죠. 저는 이것이 바로 우리 학교만의 힘이라고 생각해요. 학교가 작아서 가능한 것 같기도 하고요. 아무튼 구호로만 민주적으로 학교를 운영을 하는 것이 아니라, 진짜로 작은 실천을 하는 거죠.

(2016. 12. 02. 이승민 교사의 인터뷰 전사본)

교사교육자로서 나는 교장과 교감 그리고 교사들의 자기반성적 글쓰기와 컨퍼런스에 대한 부담감을 완화하기 위하여 다음과 같은 노력을 하였다. 첫째, 자문화기술지의 방법적 특성을 고려하여 현재 학교에서의 교수적인 경험뿐만 아니라, 과거 다른 학교에서의 교직경험을 풍부하게 서술하고 이야기할 수 있도록 하였다. 특히, 학교장과 일부 교원들은 과거 개인적인 교육 이야기를 통해 현재 학교에서의 교육적 이슈를 우회적으로 이야기하였다. 둘째, 연구자로서 나는 예비교사들을 대상으로 하는 저널쓰기 지도방식과는 달리, 특별한 피드백이나 비판적인 지도를 하지 않았다. 따라서 연구 참여자들은 수용적이고 허용적인 분위기 속에서 자신들의 이야기를 솔직하게 서술하고, 대화할 수 있었다. 셋째, 나는 참여자들이 컨퍼런스에서 타자들의 글과 이야기를 다룰 때, 엄격한 평가보다는 '우리들'의 이야기를 주문하였다. 즉, 연구 참여자들은 타자들의 글과 말에 대하여 또 다른 '나의 생각'을 말하였다.

한편 민주적인 학교운영과 관련하여, 연구 참여자들의 자기반성적 글쓰기 및 컨퍼런스 주제로는 소규모 단위학교 안의 교직문화, 학생자치, 학부모의 학교교육 참여로 나타났다. 즉, 연구 참여자들은 자기반성적 글쓰기와 컨퍼런스 과정에서 소규모 학교의 교직문화, 학생자치, 학부모의 학교교육 참여방식 등을 서술하고 대화함으로써 민주적인 학교운영을 위한 교사와 학생, 그리고 학부모의 교육적 정체성과 역할을 재정립하게 되었다. 그리고 연구 참여자들은 민주적인 학교교육을 둘러싼 세 주체들(교원, 학생, 학부모)의 역할과 정체성을 이야기함으로써 민주적인 거버넌스를 위한 학교풍토를 점차적으로 조성해 나갈 수 있었다.

결국 학교가 먼저냐 마을이 먼저냐가 중요한 것이 아니라, 나와 같은 생각을 가지고 뜻을 펼쳐나갈 수 있는 사람과 단체와의 연대가 중요하다. 나 혼자가 아닌, 뜻을 같이 하는 동지와 단체가 존재하기에 마을학교는 다소 더디더라도 조금씩 전진해 나갈 수 있을 것이다.

(2016. 05. 34. 구홍모 교사의 자기반성적 글쓰기 중 일부)

아이들 스스로가 체험학습을 계획하고 실천하는 일은 교사들에게 몇

배의 에너지가 필요했던 것 같다. 하지만 아이들은 자기 주도적으로 체험학습을 계획하고 실행하면서 부쩍 자라난 느낌이다. 아이들의 관계는 예전보다 돈독해 졌고, 자신들이 낸 의견이 현실화 되는 과정에서 자치의 힘을 발견하는 듯하다. 아이들이 자신들의 삶을 스스로 다스리는 것이 혁신학교의 첫걸음이다.

(2016. 09. 26. 이승민 교사의 자기반성적 글쓰기 중 일부)

우리 학교의 좋은 점은 교육과정 운영 시 스스럼없이 불만이나 고민 등을 툭 던지면서 자신의 생각을 말하는 허용적인 분위기가 정착되어 있는 것이다. 점심시간에 교사연구실에서 모여 수다를 떨면서 학교 이야기를 하다보면 자연스럽게 소통할 수 있는 토의문화가 만들어지는 것 같다.

(2016. 09. 26. 강유신 교사의 자기반성적 글쓰기 중 일부)

2. 지속적인 경험학습을 통한 교수 전문성의 심화

지사초등학교의 교원들은 자기반성적인 글쓰기를 통하여 자신들의 지나간 개인적인 교수경험을 '교육학적 내러티브'로 전환할 수 있었다. 또한, 연구 참여자들은 교사교육자 및 동료들과 함께하는 컨퍼런스를 통하여 자신들의 개인적인 교수경험을 학교교육을 둘러싼 제도적 맥락에 연결함으로써 경험학습을 추구할 수 있었다. 여기에서 말한 '교육학적 내러티브'란 한 교원으로서의 개인적인 교수 경험과 이야기에 새로운 교육학적인 의미를 부여하고 해석하는 이야기를 지칭한다. 보다 구체적으로, 연구 참여자들은 자기반성적인 글쓰기와 컨퍼런스에 기초한 학습을 통하여 교육과정과 수업, 교육평가, 학생 이해 및 생활지도에 대한 교육학적인 통찰과 실천적 지식을 획득하였으며, 소규모 단위학교 기반의 차별화된 교수 전문성을 공유할 수 있었다. 보다 세부적인 연구결과는 다음과 같다.

연구 참여자들은 자기반성적 글쓰기와 컨퍼런스의 초기국면(4월부터 5월까지)에서 상당한 모호성과 고통에 직면하였다. 여기에서 말한 모호성이란 연구 참여자들이 글쓰기 작업 및 컨퍼런스에서 '무엇을' 쓰고, 말할 것인지에 대한 막연함과 불안함을 의미한다. 그들은 연구의 초기국면에서 자신들의 경험을 교육학적으로 이야기하는 것에 대하여 주저하였다. 따라서 나는 한 사람의 개인적인 경험과 진솔한 이야기가 성인학습과 전문성 발달을 위한 원천이 될 수 있음을 강조하였다. 또한, 자기반성적인 글쓰기를 위한 주제는 직업적 삶의 밖에 따로 존재하는 것이 아니라, 바로 일상적이고 현실적인 삶 속에 배태되어 있음을 강조하였다. 그리고 현재의 시점에서 지나간 교수적 삶을 되돌아보는 것뿐만 아니라, 지금 현재 무엇이 가장 절실한 문제인지를 강조하였다.

지금에야 하는 말이지만, 글쓰기가 너무 너무 싫었어요. 제가 원래 글쓰기를 싫어하는 탓도 있지만, 서로의 글이 비교되는 것 같아 부담스럽더라고요. 나의 약점이나 단점이 들키는 것 같기도 하고요. 차라리 월요일에 출장이나 생기면 좋겠다고 생각을 한 적도 있었어요. (모두들 웃음) 하지만 함께하는 협의회는 싫지가 않더라고요. 각자 깊이 있는 마음의 이야기를 하니까 울림이 있는 거예요. 그러면서 조금씩 깨닫게 되었죠. 글쓰기가 이토록 괴로운 것은 글쓰기 솜씨가 부족한 것이 아니라, 글을 쓸 거리가 없다는 거였고, 그만큼 교사로서의 삶에 대한 반성이나 성찰이 부족했다는 거죠.

(2017. 04. 17. 교무실. 강유신 교사의 내러티브. 협의회 참여관찰 자료)

위의 내러티브에서 확인할 수 있는 것처럼, 연구 참여자들은 점차적으로 현재의 시점에서 과거의 개인적인 교수경험을 이야기할 수 있는 심리적 강건함을 갖기 시작하였고, 현재 시점에서의 교육학적인 해석을 통해 보다 나은 교육실천을 공동으로 모색하는 시도를 하였다. 무엇보다, 연구 참여자들은 글쓰기와 대화에 기초한 지속적인 경험학습을 통하여 자신들의 교수행위와 실천에 대한 계속성과 역사성을 이해하게 되었다. 또한, 그들은 컨퍼런스를 통하여 자신들의 개인적 교수행위가 개인 내부의 주체적인 판단과 타자들의 기대뿐만 아니라, 학교의 제도적 맥락(국가 및 시도 수준의 교육과정과 평가, 학교정책, 학생문화 및 교사문화, 학교의 물리적 시공간 등)에 연결되어 있음을 자각하게 되었다. 즉, 연구 참여자들은 교사교육자 및 동료들과의 대화를 통해 자신들의 소소한 교육실천과 이야기가 보이지 않는 보다 거시적인 교육담론과 연동되어 있음을 자각하게 되었다. 또한, 연구 참여자들은 자신들의 교수적 약점과 한계가 오로지 개인적인 내적 차원에서 비롯된 것이 아니라, 사회문화적인 맥락과 연동되어 있음을 간파하면서 '나'의 이야기를 '우리'의 이야기로 전환할 수 있었다.

> 내년에도 교수님과 함께 글쓰기 모임을 계속했으면 해요. 물론 교수님 없이 우리끼리 진행을 할 수도 있겠지만, 올해처럼 의미 있게 진행될 수 있을지는 고민이 되네요. 교수님은 우리가 쓴 글에 대하여 교육학적인 개념을 짚어주고, 진지한 대화를 이끌어 주시잖아요. 내 삶에 대한 글을 써 보고, 함께 고민해보고, 대안을 찾아보는 이런 활동이 정말로 의미가 있는 거 같아요.
>
> (2016. 12. 02. 참여관찰 자료, 최혜숙 교감의 내러티브)

연구 참여자들은 자기반성적 글쓰기와 컨퍼런스를 통하여 교육과정과 수업, 교육평가, 학생 이해 및 생활지도에 대한 개인적인 갈등과 딜레마를 솔직하게 이야기하였다. 또한, 연구 참여자들은 글쓰기 주제에 대한 공동의 사고와 공감적인 이해를 바탕으로 소규모 단위학교의 교실

수업과 생활지도를 실질적으로 개선하기 위한 방안을 모색할 수 있었다. 이러한 단위학교 차원의 자기반성적인 글쓰기와 컨퍼런스는 다양한 지위와 보직, 학년, 업무 등으로 분절되어 있는 교원들이 한 자리에 모여 서로의 다양한 관점과 노하우, 실천적 지식을 상호 공유함으로써 집단지성을 추구할 수 있는 장을 마련하였다. 즉, 학교 관리자들(교장, 교감)은 교사 시절의 교수적인 노하우를 부장교사 및 평교사들에게 전수할 수 있었으며, 부장 및 경력교사들은 교육과정과 수업, 학생평가와 학생지도에 대한 전문성을 개발하거나 확장할 수 있었고, 저경력 교사는 관리자들과 경력교사들의 교수적 노하우와 실천적 지식을 전수받음으로써 초기 교직사회화에서의 모범적인 모델을 접할 수 있었다.

보다 구체적으로, 연구 참여자들은 농어촌지역 소규모 단위학교에 최적화된 교육과정과 교수법을 마련하기 위한 다양한 시도를 하였다. 교육과정 및 교수법과 관련하여 자주 등장한 세부 주제로는 작은 교실에서의 수업개선 방법, 교육과정을 재구성하기 위한 교사의 자발성, 작은 교실에서 비롯되는 학생의 변화가능성과 교사의 행복, 초등학교와 중학교의 연계를 위한 공동교육과정의 실천과 한계, 교육과정의 재구성을 위한 교사의 새로운 정체성과 역할, 잦은 체험활동으로 인한 일상적 교육활동의 위축과 교사의 피로감, 기초학습(문자해독) 더딤 학생 지도 전략과 한계, 배움을 위한 자발성과 교육적 성장의 의미, 부진학생을 지도하기 위한 문화적 민감성의 중요성 등이었다.

새로운 시작! 나는 10여년 만에 교육과정을 재구성하고, 학년 교육과정을 내 머릿속에 그려 넣고 새 학기를 시작하게 되었다. 아이들과 함께 활동 계획을 세워보고, 학부모들과 소통을 하면서 3월을 보냈다. 내 업무와 학급 교육과정과 학교의 전체 행사가 맞물려 돌아가는 프로젝트 활동은 뿌듯한 경험임과 동시에 부끄러운 나의 고백이며, 희망찬가이다. 나는 지금 번데기이다. 10여 년 전에는 애벌레였고, 이제는 멋진 나비가 되어 날아가기 위해 안에서 몸부림치고 있는 번데기.

(2016. 12. 02. 하영화 교사의 자기반성적 글쓰기 중 일부)

한글을 깨치지 못하는 길상(가명)이의 문자지도 경험을 글로 써 보려고 했던 나의 의도는 완전한 실패에 가깝다. 나의 가르침을 냉정하게 되돌아보니, 비전문가로서 그저 다양한 시도를 해볼 뿐이었다. 길상이 때문에 1년 내내 피똥을 싸고 있다는 교수님의 농담을 듣고 나니, 그동안 내가 잘못 가르쳤던 것은 아닐까 하는 부끄러움이 찾아들었다. 하지만 모든 사람이 똑같은 능력을 갖고 있는 것도 아니고, 똑같이 적용되는 지도방법도 없을 것이다.

(2016. 10. 31. 강유신 교사의 자기반성적 글쓰기 중 일부)

교육평가와 관련한 자기반성적 글쓰기 및 컨퍼런스 주제로는 전라북도교육청 성장평가제의 단위학교 수준 실현방법, 성장평가제의 정착을 위한 불안감 및 모호성의 극복, 성장평가를 위한 교사의 기다림과 전문성, 성장평가제의 내실 있는 운영을 통한 학력신장 등이었다. 마지막으로, 연구 참여자들은 학생 이해 및 생활지도와 관련하여, 가정배경이 열악한 학생을 밀착지도하기 위한 교사의 생활지도 전략, 초등학교 저학년 학생들 간 교우관계의 개선을 위한 지도방법, 부진학생들의 자아존중감과 자기효능감을 증진하기 위한 생활지도 전략, 학교 및 교실수업 부적응 학생의 지도를 위한 교사 간 연계지도 방안, 가정과의 연계지도를 통한 기초학력 부진 및 학교 부적응 학생 지도, 학교 밖의 인적 및 물적 자원을 활용한 농어촌지역 학생의 문화자본 및 사회자본의 확충방안 등이었다.

교실수업에서 꼭 필요한 것은 학생에 대한 교사의 믿음과 기다림이다. 이는 스웨덴의 교실수업을 참관하며 깨달은 바이다. 하지만 나는 어떠한가? 올해 전북형 성장평가제가 도입되었지만, 나는 학생들의 학습에 대한 믿음과 기다림에서 여전히 한계를 느낀다. 아이들이 프로젝트 학습을 할 때, 나는 학생들을 믿지 못해서 순간순간 간섭을 하고 있는 나를 발견한다. 믿고 기다려야 성장이 가능한데도 말이다.

(2016. 05. 30. 이승민 교사의 자기반성적 글쓰기 중 일부)

이 아이의 마음속에 교사로서의 나는 어떤 모습일까? 나는 진짜로 저

아이를 위하여 여러 가지 일들을 하는 것이었을까? 오늘 미용사는 교사인 나와 민우(가명)의 행동을 어떤 모습으로 봤을까? 별의별 생각이 다 들었다. 그 아이와 함께 보낸 4개월을 되돌아보니, 이러저러한 생각의 부유물이 한꺼번에 떠오른다. 이 아이와 나는 앞으로 어떻게 살아가야 할까? 이 아이를 제대로 지도하는 방법은 무엇일까?

(2016. 06. 30. 김진선 교사의 자기반성적 글쓰기 중 일부)

3. 공감과 감정이입에 기초한 전문적 학습공동체의 구축

지사초등학교의 교원들은 나와 함께하는 자기반성적인 글쓰기와 컨퍼런스를 통하여 각자의 교수적인 삶을 공감적으로 바라보고, 특정한 교육적 이슈와 딜레마에 감정이입함으로써 소규모 단위학교 기반의 친밀성과 동료성을 구축하였다. 또한, 자기반성적 글쓰기와 컨퍼런스를 통해 구축된 교원들의 친밀성과 동료성은 농어촌지역 '작은' 초등학교를 전문적인 학습공동체로 변모시키는 원동력으로 작용하였다. 특히, 연구참여자들은 '감성적인 자문화기술지(evocative autoethnography)'로 교원으로서 감성과 정서를 솔직하게 표현함으로써 세대, 역할 및 보직, 삶의 맥락과 철학의 차이를 포용할 수 있는 문화적 감수성을 갖게 되었다. 보다 구체적인 연구결과는 다음과 같다.

수업 혹은 학교의 혁신은 개별 교사의 독단적인 노력만으로는 불가능하다(길현주, 2014). 즉, 수업이나 학교를 혁신하기 위해서는 교원들이 자신의 교육적 상상력을 자유롭게 표출하고, 상호 지지와 격려를 나누며, 동료성을 신장할 수 있는 전문적인 학습공동체가 필요하다(길현주, 2014). 지사초등학교의 교원들은 바로 이와 같은 생각을 실현하기 위하여 자기반성적 글쓰기와 컨퍼런스를 시도한 것이었다. 일반적으로, 농어촌지역 소규모 초등학교의 교원들은 대도시 대규모 초등학교의 교원들에 비하여 상대적으로 강한 친밀성을 갖고 있다. 왜냐하면, 소규모 학교의 인적 구성과 시공간적 근접성은 구성원들이 심리적 친근감을 형성할 수 있는 제도적 맥락과 환경을 제공하기 때문이다. 그러나 전문성이 결여된 친밀성은 작은 학교를 '좋은' 학교로 전환하는 데 제한적일 수 있다. 왜냐하면, 전문성이 결여된 친밀성만으로는 학교교육의 비전과 철학 그리고 교육적 실천을 비판적으로 검토하는 데 제한적일 수 있기 때문이다.

　지사초등학교 교원들은 정기적이고 자기반성적인 글쓰기와 컨퍼런스를 통하여 이러한 친밀성과 전문성을 동시에 추구하였다. 그리고 교원들의 친밀성과 전문성의 화학적 결합을 통해 구성된 동료성은 농어촌 지역의 소규모 학교를 전문적인 학습공동체로 전환하는 데 중요한 역할을 하였다. 연구 참여자들이 자기반성적인 글쓰기와 협력적인 대화를 통해 친밀성과 전문성을 동시에 추구할 수 있었던 이유는 바로 감성적인 자문화기술지의 방법적 특성 때문이었다. 그들은 감성적인 자문화기술지의 방법적 친화감을 통하여 자신들의 교수행위에 대한 모호함과 두려움을 여과 없이 표현하였고, 가르침의 모호함과 두려움에 맞설 수 있는 용기를 갖게 되었다. 연구 참여자들은 동료 교원들의 감성적인 자문화기술지를 엄격하게 비판하기보다는, 공감적으로 이해하고, 격려하고, 축하해주었다. 연구 참여자들이 각자의 감성적인 글에 대하여 이와 같은 공감적 태도를 보일 수 있었던 이유는 바로 모든 교원들이 학생을 가르치는 동료 정신을 갖고 있었기 때문이다. 그들의 입장에서 볼 때, 다른 동료들의 교수적인 기쁨과 환희, 고통과 딜레마 등은 '너'만의 일이 아니라, '우리들'의 일이었던 셈이다.

> 며칠 전 혁신학교 컨설팅을 했다. 우리가 가고 있는 길을 다시 생각해볼 수 있었다. 우리 학교의 혁신은 감히 성공 진행 중이라고 말해본다. 왜냐하면 첫째, 우리 아이들이 웃는다. 가끔은 나의 엄한 가르침으로 굳을 표정을 보이기는 하지만. 둘째, 학부모와 교직원이 웃는다. 셋째, 무엇보다 내가 행복하다. 그렇다면 우리는 어떻게 이렇게 지낼 수 있는 것일까? 내 의식의 밑바닥에 자리 잡고 있던 사실 하나가 뛰어올라왔다. 그것은 바로 내 주위 사람들의 덕분이었다. 혁신학교의 첫걸음은 바로 사람이었다. 우리 아이들이 웃는 것은 바로 우리 학교 선생님들 덕분인 것이다.
>
> (2016. 11. 28. 하영화 교사의 자기반성적 글쓰기 중 일부)

작은 학교에 입성한 첫 해 초반에는 그동안 같이 나누고 도움을 받던 동학년 선생님이 없어지니 좀 서운하기도 하고 재미없기도 했다. 그런데 작은 학교에서만의 다른 점을 발견하게 되었다. 나와 같은 학년 안으로 선 그어져 있던 동학년 선생님과의 교류는 규모가 큰 학교에서의 문화일 뿐, 작은 학교에서는 모든 학년 선생님들이 동학년 선생님들이었던 것이다. 아무래도 전교생 모두가 한 자리에 모여 교육과정에 참여하는 경우가 많아서 무슨 일이든지 함께 공유하고 고민을 나눌 수 있었던 것이다.

(2016. 12. 02. 박민봉 교사의 자기반성적 글쓰기 중 일부)

연구 참여자들은 지속적인 자기반성적 글쓰기와 컨퍼런스를 통하여 세대, 역할 및 보직, 교원으로서의 삶의 맥락과 철학의 차이를 포용할 수 있게 되었다. 즉, 지사초등학교의 교원들은 개인적인 생각의 차이에서 비롯될 수 있는 오해와 갈등을 해소하고, 학교운영을 둘러싼 문제점과 한계를 솔직하게 고백함으로써 학교의 개선을 위한 실천적인 방안을 모색할 수 있었다. 보다 구체적으로, 지사초등학교 교원들은 감성적이고 자기반성적인 글쓰기와 컨퍼런스를 통하여 소규모 학교 교사로서의 행복한 삶과 동료애, 소규모 단위학교 기반의 동료성 추구, 교사의 헌신을 중심으로 한 학교교육과정 운영의 한계, 교사 간 협력을 통한 생활지도 전략, 소규모 학교의 발전을 위한 교사의 자발성과 헌신, 학부모의 학교교육 참여를 유도하기 위한 노력 등을 이야기하였다. 연구 참여자들은 이러한 이슈를 깊이 있게 이야기함으로써 기존의 친밀한 교사공동체를 전문적인 학습공동체로 전환할 수 있었다.

나를 크게 구분 짓자면, 교사로서 나와 엄마로서 내가 있다. 농어촌 지역 작은 학교는 엄마로서 나를 불행하게 만들 때가 있다. 내가 야간에 학교 아이들을 지도할 때, 내 아들은 체크카드 한 장을 들고 동네 식당을 헤매고 다닌다. (중략) 우리 학교 아이들은 체험학습을 많이 다니지만 열심히 참여하지 않는 편이다. 왜냐하면, 아이들은 내년에도 비슷한 체험학습을 하는 것을 알기 때문이다. 아이들이 체험학습을 좋아하는 것은 공부를 하지 않아도 된다는 설렘인 듯하다. 체험활동에 대한 상상력이나 질문이 없다. 아이들은 학교와 교사로부터 많은 혜택을 받고 있다는 사실을 모르는 듯하다. 그래서 일부 학생과 학부모는 선생님에 대한 고마움이 없는 것이다.

(2016. 06. 30. 박민봉 교사의 자기반성적 글쓰기 중 일부)

혁신학교 업무를 담당하고 있는 나는 '혁신'이라는 말이 큰 부담이었다. 그런 나에게 혁신의 무게를 가볍게 해준 일이 있었다. 5월 어느 날, 한 선생님이 이야기 끝에 "이게 무슨 혁신인가?"라는 말을 툭 던졌다. 그 말에 심장이 두근거리고 얼굴이 화끈해졌다. 고민 끝에 그 선생님에게 찾아가 그 말이 서운했노라고 말했다. 그렇게 하는 것이 소통이라 여겼기 때문이다. 다행스럽게도, 그 선생님과 나는 서로의 기분을 상하지 않고 이야기를 풀었다. 그후 그 선생님으로부터 솔직하게 이야기해 주어서 고맙다는 내용의 편지도 받았다. 이제야 고백하건대, 그날 그 선생님이 아니라 내 생각이 잘못된 것이었다. '혁신'은 우리들의 것인데, 함께 생각하고 함께 결정했으면서, 나는 감히 '나'의 혁신이라 여기고 혼자 그 무게를 감당하려고 했던 것이다. 그래서 나는 더 이상 혁신이라는 말에 얽매이지 않으려고 한다.

(2016. 10. 31. 이승민 교사의 자기반성적 글쓰기 중 일부)

우리 혁신학교 계획에 교사가족을 모셔서 학교안내 및 수업공개를 하는 프로그램이 있다. 시작은 해야 하는데 선생님들이 부담스러울까봐 말도 못하고 기다리고 있었다. 그런데 지난주에 연구 선생님이 해외 연수 다녀오느라 부모님을 뵙지 못했다고 다음날 모시고 수업을 하겠다고 했다. 어찌할지 몰라 선뜻 발을 들여놓지 못하고 있는 길에 용감하게 첫발을 내딛어준 연구 선생님에게 너무 고맙다. 2박3일을 고민하며 엮어낸 우리 학교의 철학인 '소통과 배려로 함께 가는 행복교육', 조금은 늦어질지 모르지만 믿고 기다렸다가 웃으며 함께 가는 우리가 난 참 좋다.

(2016. 05. 30. 김혜숙 교감의 자기반성적 글쓰기 중 일부)

V. 나가며

이 연구는 한 소규모 초등학교 교원들의 자기반성적 글쓰기와 컨퍼런스 참여경험을 해석적으로 분석함으로써 소규모 단위학교의 이해와 개선을 위한 자기반성적 글쓰기 및 컨퍼런스의 교육적 가능성을 조명하고자 하였다. 자기반성적 글쓰기와 컨퍼런스는 민주적인 학교운영을 위한 토대를 마련하고, 교원들의 지속적인 경험학습을 촉진함으로써 교수 전문성을 심화하며, 공감과 감정이입에 기초한 전문적인 학습공동체를 구축하는 데 유용하였다. 지금부터는 이와 같은 연구결과에 기초하여, 자기반성적 글쓰기와 컨퍼런스의 교육적 의미를 논의하고, 이를 활성화할 수 있는 몇 가지 방안을 제시하고자 한다. 이러한 시도는 교원들의 전문성 신장과 소규모 초등학교의 개선을 위한 실천적 단초가 될 수 있을 것이다.

첫째, 초등학교를 혁신할 수 있는 방법 가운데 하나는 교직원들의 회의문화를 수평적으로 개선하여 학교조직을 민주적으로 운영하는 것이다. 이 연구에서 확인할 수 있는 것처럼, 교원들의 자기반성적 글쓰기와 컨퍼런스에서의 수평적인 관계형성은 소규모 단위학교의 민주적 학교운영에 직결되었다. 즉, 자기반성적 글쓰기와 컨퍼런스에서의 수평적인 관계형성은 그러한 활동 자체에서 머무는 것이 아니라, 실질적으로 학교운영을 변화시킬 수 있는 힘을 갖고 있었다. 따라서 초등학교의 교원들은 수평적인 글쓰기와 컨퍼런스를 통하여 민주적 학교 거버넌스를 자연스럽게 구축할 수 있을 것이다.

둘째, 일반적으로, 초등학교 교원들은 교직에 입문한 이후 형식적인 학습보다는 직접적인 경험에 기초한 무형식적인 학습(informal learning)을 통해 교육자로서 교수 전문성을 계발한다. 그러나 성인학습자로서 초등학교 교원들이 예비교사 교육기관이나 일선 단위학교에서 현장교사로서 교수경험을 학습으로 전환할 수 있는 방법을 체계적으로 배울 기회는 흔치 않은 편이다. 초등학교의 교원들은 일상적 교수활동을 통해 의미 있는 교육적 경험을 획득하지만, 그러한 경험은 단지 개인적인 차원에 머무르는 경우가 허다하다. 이러한 맥락에서 초등학교 교원들의 자기반성적 글쓰기와 컨퍼런스는 학교현장에서의 풍부한 교수경험을 학습으로 전환할 수 있는 강력한 촉매제가 될 수 있다. 즉, 자기반성적 글쓰기와 협력적인 대화는 초등학교 교원들의 경험학습과 교수 전문성을 신장할 수 있는 원천이다. 따라서 일선학교 교원들은 자기반성적 글쓰기와 컨퍼런스를 적극적으로 시도함으로써 자신들의 직업적 삶을 새롭게 해석하고 개선할 수 있을 것이다.

셋째, 오늘날 초등학교 교원들은 단위학교의 교실수업을 개선하고, 교사로서 교수 전문성을 계발하기 위해 수업공개 및 수업협의회, 컨설팅장학, 수업비평 등의 여러 가지 시도를 지속하고 있다. 그러나 이러한 노력에도 불구하고, 현장 교원들이 교수 전문성의 신장을 체감하지 못하는 근본적인 원인은 무엇일까? 그것은 바로 교육을 하는 이와 교육을 보는 이가 분리되어 있고, 그들 사이의 관계도 수평적이지 않으며, 무엇보다 교육을 하는 이의 마음을 공감적으로 헤아리지 못한다는 점이다. 하지만 자기-내러티브와 인간의 감성을 담아내는 자기반성적인 글쓰기와 컨퍼런스는 공감과 감정이입을 통하여 교육을 하는 이와 교육을 보는 이를 연결하고, 학교의 모든 교원들을 동등한 구성원으로 초대하며, 무엇보다 교육적 행위를 개선하고자 하는 강력한 실천의지를 불러일으킨다. 이러한 맥락에서 자기반성적인 글쓰기와 컨퍼런스는 자칫 무미건조해 질 수 있는 전문적 학습공동체의 위계성과 경직성을 완화하는 데 기여할 수 있을 것이다.

넷째, 우리나라는 초등학교 교원들의 교수 전문성을 제고하기 위한 일환으로 교사연구회, 교과교육연구회, 교사동아리 등의 집단적인 연수 및 연구 활동을 적극적으로 지원하고 있다. 초등학교 교원들은 공동의 연수 및 연구 활동을 통해 교육실천을 개선하기 위한 집단지성과 협력을 추구할 수 있다. 그러나 우리나라 초등학교 교원들의 이러한 연수 및 연구 활동은 주로 개별 단위학교 수준보다는, 시·군·구 등의 광역 단위로 시행되고 있다. 하지만 광역단위 교원 연수 및 연구 활동은 개별 단위학교의 교육실천을 실질적으로 개선하는 데 제한적일 수밖에 없다. 왜냐하면, 광역단위 연수 및 연구 활동은 우리 학교와 우리 교실에 맞지 않기 때문이다. 이러한 맥락에서 연구 참여자들의 단위학교 기반 자기반성적 글쓰기와 컨퍼런스는 소규모 단위학교의 실질적인 개선과 관련하여 의미하는 바가 크다. 연구 참여자들은 작은 학교와 교실에서 발생하는 소소한 교육적 일상들을 교육학적으로 이야기함으로써 교수적인 삶을 이해하고 개선할 수 있는 통찰과 실천적 지식을 공유할 수 있었다. 따라서 교사연수기관이나 시·도교육청, 그리고 지역교육지원청은 단위학교 기반의 연수 및 연구 활동에 대한 지원을 보다 강화해야 할 것이다.

다섯째, 소규모 초등학교에서 자기반성적인 글쓰기와 컨퍼런스를 활성화하기 위해서는 교원들의 참여범위를 최대한으로 확장하고, 학교관리자와 교사교육자의 역할을 새롭게 정의할 필요가 있다. 지사초등학교 교사들은 자기반성적 글쓰기와 컨퍼런스에서 학교관리자들을 포섭함으로써 학교의 위계적인 교직문화를 해체하고, 민주적인 의사소통을 할 수 있었다. 특히, 지난해 말(2016년 12월)부터는 행정실장과 주무관이 자기반성적 글쓰기와 컨퍼런스에 참여함으로써 교원들뿐만 아니라,

교원과 직원들 사이의 화합과 소통을 이룰 수 있었다. 한편, 교사교육자와 함께하는 자기반성적 글쓰기와 컨퍼런스를 활성화하기 위해서는 학교장과 교감, 그리고 교사교육자의 역할을 조정할 필요가 있다. 학교 관리자들은 기존의 역할과 지위에서 한 걸음 물러나 동등한 일원이 되는 자세가 중요하며, 교사교육자는 글쓰기와 컨퍼런스의 배경에 머무르면서 교원들의 성찰과 통찰을 유도하는 존재가 되어야 할 것이다.

마지막으로, 이 연구는 교사교육자와 함께하는 자기반성적 글쓰기와 컨퍼런스를 통하여 교육의 이론과 실천을 아우를 수 있는 장점이 있었다. 그러나 이러한 교사교육자의 개입과 관여는 이후 현장 교원들의 자기 충족적이고 자기주도적인 연수 및 연구 활동을 제한할 수도 있다. 이러한 이유에서, 현장 교원들은 특별한 이론적 조력자가 없이도 자기반성적인 글쓰기와 컨퍼런스를 주체적으로 운영할 수 있는 방안을 모색해야 한다. 무엇보다, 현장교원 주도의 자기반성적인 글쓰기와 컨퍼런스를 전개하기 위해서는 '개인적 이야기'를 '교육학적인 이야기'로 전환할 수 있는 교원들의 이론적 학습과 학문적 내공이 필수적이다. 따라서 초등학교 교원들은 지속적인 자기연찬을 통하여 교육실천 속에서 이론적 지식을 생성하고, 개인적 교수경험과 이야기를 교육학적인 이야기로 전환할 수 있는 이론적 감수성을 아울러 연마해야 할 것이다.

참고문헌

길현주(2014) 수업 혁신을 통해 본 '문화'로서의 교사들의 전문적 학습공동체. 교육발전연구, 30(1), 29-46.

김순희(2009) 교사의 반성적 수업 실천을 위한 방안 탐색. 한국교원교육연구, 26(2), 101-121.

남미자·길현주·오춘옥·노시구(2014). 교사들의 반성적 글쓰기를 통해 본 배움중심수업의 특징과 의미. 시민교육연구, 46(1), 59-86.

박창민, 조재성(2016) 실행연구: 이론과 방법. 파주: 아카데미프레스.

이동성(2013) 초등 예비교사들의 저널쓰기 유형 분석. 교육종합연구, 11(4), 91-113.

이정아(2010) 초등 예비 교사의 반성적 글쓰기에 나타나는 반성의 유형과 특징. 초등과학교육, 29(3), 378-388.

이혁규(2012) 교사의 자기연구(Self-Study) 필요성 탐색. 교육문화연구, 18(2), 5-43.

황혜영(2013) 한국 교사교육자의 전문성 개발을 위한 셀프 연구(Self-study)의 도입. 한국교원교육연구, 30(1), 59-80.

Bailey, K. M. et al.(1996) The language learner's autobiography: Examining the "apprenticeship of observation". In D. Freeman & J. C. Richards (Eds.). Teacher learning in language teaching(pp. 11-29). Cambridge: Cambridge University Press.

Brookfield, S.(1995) Becoming a critically reflective teacher. San Francisco: Jossey-Bass.

Bullough, R. V. Jr. & Pinnegar, S.(2001) Guidelines for quality in autobiographical forms of self-study research. Educational

Researcher, 30(3), 13-21.

Burns, A.(1999) Collaborative action research for english language teachers. Cambridge: Cambridge University Press.

Burton, J. et al.(2009) Reflective writing: A way to lifelong teacher learning. TESL-EJ Publications.

Burton, J.(2009) Reflective writing: Getting to the heart of teaching and learning. In Burton, J. et al.(2009) Reflective writing: A way to lifelong teacher learning. TESL-EJ Publications.

Casey, K.(1995). The new narrative research in education. In M. W. Apple (Ed.). Research in education 21 (pp. 211-253). Washington D.C.: American Educational Research Association.

Chang, H.(2008) Autoethnography as Method. Walnut Creek, CA: Left Coast Press, Inc.

Cole, A. L. & Knowles, J. G.(2000) Researching teaching: Exploring teacher development through reflective inquiry. Boston: Allyn & Bacon.

Elliott-Johns, S.(2014). Working towards meaningful reflection in teacher education as professional learning. Learning Landscapes, 8(1), 105-122.

G ker, S. D.(2016). Use of reflective journals in development of teachers' leadership and teaching skills. Universal Journal of Educational Research, 4(12A), 63-70.

Hamilton, M. L. & Pinnegar, S.(1998) Conclusion: The value and the promise self-study. In Hamilton, M. L. et al. (Eds). Reconceptualizing teaching practice: Self-study in teacher education. London: Falmer Press.

Hawkins, M. & Irujo, S. (Eds.)(2004) Collaborative conversations among language teacher educators. Alexandria, VA: TESOL Publications, Inc.

Jones, K.(2014) The reflective practitioner and reflective journal writing. ARCⅡ, 1-10.

Kamler, B. & Thomson, P.(2006) Helping doctoral students write: Pedagogies for supervision. London: Routlege.

Knowles, J. G. & Holt-Reynolds, D.(1991) Shaping pedagogies through personal histories in preservice teachers' education. Teachers College Record, 93(1), 87-113.

Hatton, N. & Smith, D(1995) Reflection in teacher education: Towards definition and implementation. Teaching and Teacher Education, 11(1), 22-49.

Lakshmi, B. S.(2014) Reflective practice through journal writing and peer observation: A case study. Turkish Online Journal of Distance Education, 15(4), 189-204.

Loughran, J. J. & Northfield, J.(1998) A framework for the development of self-study practice. In Hamilton, M. L. et al. (Eds). Reconceptualizing teaching practice: Self-study in teacher education. London: Falmer Press.

Larrivee, B.(2009) Authentic classroom management: Creating a learning community and building reflective practice. (3th). NJ: Pearson.

McCallum, D. D.(2013) Journal writing as an active learning tool in history education. Caribbean Teaching Scholar, 3(1), 23-39.

Mills, G. E.(2011) Action research: A guide for the teacher researcher (4th ed.). New York: Pearson.

Romero, T. R. S.(2009) Reflecting through autobiographies in teacher education. In Burton, J. et al. (2009). Reflective writing: A way to lifelong teacher learning. TESL-EJ Publications.

Shandomo, H. M.(2010) The role of critical reflection in teacher education. School-University Partnerships, 4(1), 101-113.

Trites, L.(2009) Small-group journals as a tool of critical reflection: A measure of success and failure. In Burton, J. et al. (2009). Reflective writing: A way to lifelong teacher learning. TESL-EJ Publications.

Walker, S. E.(2006) Journal writing as a teaching technique to promote reflection. J Athl Train, 41(2), 216-221.

Watson, D.(2010) Teaching teachers to think: Reflective journaling as a strategy to enhance students' understanding and practice of academic writing. Journal of College Teaching & Learning, 7(12), 11-18.

Zeichner, K. M. & Liston, D. P.(1996) Reflective teaching: An introduction. NJ: Lawrence Erlbaum Associates.

제3장

혁신학교 교장의

자기 이야기(self-narrative)

최광식

(지사초등학교 교장)

이야기 3-1.

수학시간, 카라멜에 대한 추억

어릴 적 나는 책보를 메고 학교에 다녔다. 책보 속에는 플라스틱으로 만들어진 필통과 그 안에 연필 몇 자루 그리고 교과서가 있었다. 몇 개 안 되는 학용품을 행여 떨어뜨릴까봐 야무지게 여민 책보를 어깨에 엑스자로 메고 4킬로(km)정도 되는 둑길을 매일같이 걸어 다녔다. 가끔 방과후 넓은 신작로로 갈 때면 하루에 몇 번 안 다니는 빨간 시외버스가 지나가곤 했다. 어린 나는 그 뒤를 따라 달려가면서 먼지와 함께 묘하게 중독성 있는 배기가스 냄새를 맡곤 했다. 이런 풍경들이 모여 나의 국민학교 시절이라는 그림이 완성된다. 그 수많았던 풍경 중 지금까지 잊혀지지 않는 기억 중 하나가 산수시간에 겪었던 카라멜에 대한 추억이다.

시골에서 유년시절을 보낸 나는 저학년 시절 산수시간에 풀어야 했던 시험 문제에서 카라멜이라는 단어가 등장했던 기억이 난다. 그 문장은 아마도 '카라멜 6갑이 있습니다. 1갑에 24개의 카라멜이 들어 있습니다. 카라멜은 모두 몇 개입니까?'와 비슷한 문장이었을 것이다. 그러나 나는 그 문제를 풀 수가 없었다. 그 이유는 바로 '카라멜'이라는 단어 때문이었다. 그 때까지 나는 카라멜이라는 것을 한 번도 본 적이 없었기 때문에 도무지 이해가 되지 않았다. 먹는 걸까? 어떤 맛이 날까? 모양은? 비싼 것일까? 아마 서울에 사는 부잣집 아이들이 먹는 것일 거야……, 등 문제에 집중하지 못하고 다른 주변 정보들이 내 머릿속을 혼란스럽게 만들었다. 결국 그로 인하여 그와 비슷한 문제거나 좀 더 복잡한 문제 즉 숫자가 커지는 경우 해결하지 못했다. 아니면 애써 그 단어를 머릿속에서 지우고 단순히 더하기와 숫자만의 조합으로 생각하려 애썼던 기억이 난다.

어린 시절 이런 상황이 모티브가 되어 나는 수학에 대한 관심을 갖고 특히, 수학 문장제에 대한 연구를 하게 되었다. 문장제를 해결하기 위해서는 문제를 이해하지 않으면 안 된다. 문제의 이해에 있어서 가장 중요한 것은 문제를 어떻게 표상하는가 하는 것이다. 동일한 문제라고 해도 여러 가지 방법으로 표상하기가 가능하고 표상방법에 따라 문제해결이 쉬워지기도 하고 어렵게 되기도 한다. 이러한 의미적인 문제표상의 형성은 내적인 정보처리의 변인과 외적인 교수변인에 영향을 받는다. 내적인 변인이라 함은 학습자의 선행조건지식의 수준과 선행조건지식의 효과적인 활성화와 같은 조건을 들 수 있다. 이러한 내적인 변인들과 함께 학습자들의 사고와 가르쳐지고 있는 개념들 사이의 연결을 돕는 작용을 하는 외적인 변인들이 작용하게 된다.

이러한 측면에서 물론 내적인 수학에 대한 선행지식이 무엇보다 중요하겠지만 외적인 변인도 무엇보다 중요하다고 볼 때, 학습자의 태도나 교사의 역할의 중요성을 다시금 생각해본다. 학습자가 언제든지 어떤 질문을 할 수 있는 학급의 분위기나 모르는 것을 말한다는 것이 수치스러운 것이 아니고, 자신의 무지를 표출하는 것이 얼마나 중요한 일인지 그리고 좀 더 적극적인 학습자의 입장이나 환경을 고려한 텍스트의 진술에 대한 고민, 교사의 학습자의 입장을 고려한 문제 재진술(카라멜은 말이야 서양 사람들이 만든 우리의 엿과 같은 것이야……, 라고) 해줬으면 하는 아쉬움이 남기도 한다.

이야기 3-2.
되돌려 받은 30달러

—

지금부터 약 15년 전의 일이다. 내가 대학원에 진학하고 석사과정 논문을 준비할 때였다. 그 당시 인지심리학을 가르치셨던 교수님께서 석사 논문을 계획하는 과정에 몇 가지 필수적으로 갖추어야 할 석사학위 논문에 대한 당부의 말씀을 하셨다. 그 중에 하나가 그 당시 우리나라 학위 논문에 대한 신뢰도와 윤리성 문제를 제기하면서 반드시 참고 논문으로 저널에 수록된 외국 논문을 최소 2편 이상을 논문계획서에 첨부해서 제출할 것을 요구하였다. 그래서 대학 중앙도서관에서 외국 저널을 몇 주 동안 탐색하기 시작했다. 내가 쓰고자 하는 주제나 또는 대상 등을 검토해서 몇 가지를 선정하였다.

그러나 학술지에 수록된 논문들은 본인의 논문을 요약한 자료이기에 논문의 주제, 절차, 대상 연구방법, 결과 등이 아주 간단히 기술되어 있었다. 따라서 이 논문에 대한 구체적인 연구 도구 등에 대한 정보가 없었다. 다행히 저널에 수록된 논문에 대한 문의를 할 수 있는 대학 주소와 저자에 대한 정보가 기록되어 있었다. 나는 부족한 영어실력이지만 그 논문의 저자인 미국대학 교수님께 편지를 썼다. "당신의 논문을 보고 매우 의미 있는 시사점을 얻었다. 우리나라 학생들에 대해 같은 연구를 하고자 하니 당신이 사용했던 평가도구나 기타 정보 등을 제공해 줄 있는지" 편지를 보냈다. 내 생각으로는 분명 어딘지도 모르는 더군다나 내 논문에 대한 실험도구나 기타 정보를 복사해서 다시 국제 우편으로 보낸다는 것은 아무리 학문을 하는 사람이지만 귀찮고 짜증나는 일이 아닌가 싶었다. 그래서 최소한의 경비라도 보내면 좋지 않을까 하는 생각으로 30달러를 편지와 함께 보냈다.

보내면서도 큰 기대는 하지 않았다. 지금도 그렇지만 15년 전에 우리 주위 환경이나 사고로는 "편지가 올 리는 만무하고 아마 바로 쓰레기통으로 가지 않았을까?" 하는 생각이었다. 그러나 몇 달 후 놀랍게도 편지와 함께 내가 부탁했던 자료, 그리고 30달러가 그대로 있었다. 그 외국 교수는 복사나 우편 요금 모두가 대학에서 무료로 할 수 있기에 굳이 이 돈은 필요치 않아서 그냥 보낸다는 것이었다. 잘 알지도 못하는 나라의 학생이 보낸 편지에 대해 성실히 물음에 답을 하고 또한 저작권에 문제가 없는 자료는 보냈고 공동 저자의 허락이 있어야 하는 자료는 보내지 못함을 이해해 달라는 내용과 함께 그 공동저자의 연락처를 같이 보내주었다.

요즘 우리는 매일 많은 사건 사고들을 뉴스를 통해 접하곤 한다. 특히 모범을 보여야 할 사람들의 잘못된 행태는 선하고 성실히 사는 사람들에게 많은 좌절감을 안겨주고 있다. 그 사람들을 비난하기 전에 우리나라 사람들 그리고 나 자신의 행동을 15년 전의 경험과 견주어 보곤 한다. 잘 사는 선진국이라고 하는 북미나 유럽의 여러 나라들은 꼭 경제적인 힘만을 평가하지 않더라도 그 바탕에는 그 나라 국민들의 선진화된 의식이 깔려있기에 가능한 일이 아닌가?

이야기 3-3.

우리 주변의 부담 없는 스승부터 찾아보자

오늘 한국사회는 스승은 있어도 참스승은 없고, 어른은 있어도 존경할 만큼 큰 어른이 없다고들 한다. 스승을 만나 우리의 삶의 방향을 찾는 다면 그것만으로도 우리의 삶이 성공적이라고 말할 수 있을 것이다. 마음의 안정을 찾고 행복을 주는 우리 주변의 스승은 얼마든지 존재한다. 찾으려는 노력이 부족한 사람들일수록 존경할 만한 사람이 없다거나 훌륭한 인물이 없다고 하는 건 아닌가 하는 생각이 든다.

대학교 2학년 때의 일이다. 여름 방학을 며칠 앞두고 방학동안 할 만한 아르바이트를 찾던 나는 남부시장에 있는 조그마한 농약가게 앞에서 직원구함이라는 전단지를 보게 되었다. 처음 하는 일이라 할 수 있을까 하는 걱정도 앞서고 해서 며칠을 그 가게를 지나가면서 하는 일을 살펴보곤 했다. 아침 일찍 가게에 출근해서 농자재를 인도 가까이 진열하는 일, 연장이나 기타 종자, 채소 모종 등을 눈에 잘 보이게 놓거나 물건을 사러 오는 사람들에게 물건을 팔고 돈을 받는 일, 이런 일이라면 나도 할 수 있을 것 같아 문을 두드렸다.

　가게에 들어서자 점잖은 주인이 맞이하더니 몇 가지 질문을 했다. 어느 대학교에 다니는지 그리고 아르바이트를 하게 된 이유 등 몇 가지 물어보곤 내일부터 출근해서 일을 하라고 했다. 그리고 물건을 어떻게 내놓아야 되는지 그리고 각각의 물건에 대한 가격 등을 알려주었다. 며칠은 가게에서 일하면서 주로 물건을 사러 온 사람들에게 물건을 파는 일을 하고 그 후 새로운 임무가 주어졌다.

　농약가게는 주변에 사는 농민들을 대상으로 단골 고객에게 농자재나 종자 등을 파는데, 주로 외상 거래를 하였다. 그 외상장부를 주면서 매일 수금할 지역을 알려주었다. 오토바이를 타본 경험이 없는 나는 자전거를 선택했고 아침에 출근해서 외상장부를 가지고 구이면, 운암면, 평화동, 효자동 일대 더 나아가 불재를 넘어 임실군 신덕면까지 가서 수금을 했다. 지금도 그렇지만 그 당시 농촌에서 돈을 집에다 두고 사는 사람들이 몇이나 될 것이며 그런 사람들이 외상 거래를 할 이유도 없었을 것이다. 따라서 하루 종일 자전거를 타고 다니면서 수금을 한다고 한들 두세 곳 정도 수금을 하고 다들 돈이 없으니까 다음에 오라고 하는 곳이 태반이었다.

　농약가게에서 일하면서 사람들이 사는 모습들이 정말 다양하고 '어떻게 이런 곳에도 사람이 살까?', '정말 사람들이 살지 않는 곳이 없구나'하는 생각들, 어떤 집은 따뜻하게 물과 음료수를 주며 미안함을 표현하기도 하고, 쌀쌀맞게 대하는 집, 어떤 집에는 무서운 개가 맞이하는 등, 다양한 사람들을 접하면서 그들의 삶이 결코 누추하지만은 않으며 정말 나름 자신이 살고 있는 곳에서 열심히들 살고 있다는 생각을 하였다. 시간이 조금 지나니 사람들의 감정을 상하지 않게 돈을 받는 일도 요령이 생기고 해서 그럭저럭 적응되어 갔다. 개학을 앞두고 주인에게 그만 두어야 할 것 같다고 말씀을 드렸다. 가게 주인이 마지막 점심을 사주시면서 나를 알바로 쓴 이유를 말씀해주셨다. 본인도 어렵게 농촌에서 태어나 힘들게 농대를 나와 가게를 하게 된 경험들을 말씀하시면서 그 당시의 자신의 모습에 견주어 돕고 싶었고 앞으로 살아가면서 우리 주변에 살고 있는 다양한 사람들을 접하면서 얻었던 경험, 느꼈던 점을 토대로 보람 있는 삶이 되었으면 한다고 했다.

지금도 가끔 그때의 경험을 되살리곤 한다. '나도 누군가에게 큰 도움이 될 수 있는 일을 할 수 있을까?', '다른 사람의 인생의 방향을 설정하는 데 조그만 도움을 줄 수 있을까?' "우리 학교에는 변변한 선배나 관리자가 없어요", 그런 식으로 말하는 젊은 교사들이 적지 않은데, 사실은 변변치 못한 선배나 상사에게도 배울 점이 있다. '반면교사'라는 말도 있듯이 바로 그 변변치 못한 부분이 훌륭한 교훈을 가르쳐 준다.

이야기 3-4.
혁신학교 1년을 뒤돌아보며

우리 학교가 혁신학교를 시작한지 1년이 되어간다. 지금도 그렇지만 초심을 잃지 않고 꾸준한 마음으로 계속 되었으면 하는 바람이다. 혁신학교를 시작하게 된 것은 농촌의 작은 학교가 갖는 환경적 우월성을 살리는 인성교육과 특성화된 교육과정을 바탕으로 일상수업의 질적 향상을 꾀하며 교육공동체가 만족하는 행복한 학교를 만들기 위한 것이다. 이러한 혁신학교를 추진할 수 있었던 원동력은 무엇보다도 우리 학교 교직원들의 역량과 학교분위기에 기인한다. 항상 서로 위하는 마음과 조그마한 이야기도 서로 의논하는 모습 등 이런 모습이 혁신학교를 운영할 수 있는 밑바탕이라고 생각한다.

우리 학교의 가장 큰 장점은 모든 구성원이 함께한다는 것이다. 행복한 학교를 만들기 위해 학생, 학부모, 교직원 등 교육가족 모두가 함께 참여하고 있다. 우리 학교는 몇 해 전에 여러 가지 어려움이 있었던 학교이다. 그런 어려움을 딛고 정말 행복한 교육을 하기 위해서 가장 시급한 것이 학부모들과의 소통과 신뢰를 얻는 것이었다. 이를 위해 학부모 독서동아리 운영, 자녀와 함께하는 토요 문학답사 등을 통해서 학부모들의 교육에 대한 생각의 전환을 유도했다. 교육에 중요한 한 축을 담당하고 있는 학부모들의 바른 교육관 정립이 무엇보다 중요하다. 이러한 교육에 대한 생각의 전환을 유도하는 것이 학교 혁신의 가장 기본이 아닌가 생각한다.

우리 학교는 교무실과 행정실의 긴밀한 협력이 잘 이루어지고 있다. 학교 업무는 크게 교무학사 운영 및 행정지원 업무일 것이다. 이를 위해 교무학사는 주로 교원들이, 시설 예산 등의 업무는 행정실 직원이 맡는다. 각자 하는 역할은 다르지만 학교를 유지 관리하고 교육을 하기 위해서는 모두가 중요하다. 이러한 역할에 대한 명확한 인식과 함께 서로 우리라는 동질성이 교육혁신의 지향점을 갖게 하는 것이다. 교직원 모두가 참여하는 동아리 운영, 문화체험 등이 소통과 협력의 장이 되었다. 우리 학교는 학생교육에 대한 열정이 가득한 곳이다. 모든 교직원들이 학생 하나하나에 대한 개성을 존중하며 세심한 배려를 하고 있다. 아이들은 아침에 스쿨버스를 타는 순간부터 저녁 8시 돌봄이 끝나는 시간까지 학교에서 더 많은 시간을 보내고 있다. 따라서 학교가 부모의 역할을 상당 부분 함께하고 있다고 할 수 있다. 마치 부모처럼 세심한 관심과 사랑이 있기에 가능한 일이다.

우리 학교는 교직원들의 능력 향상을 위한 부단한 노력과 자발성의 힘이 있는 곳이다. 정해진 시기의 일방적이고 형식적인 연수보다는 교사 자신의 생각에 따른 다양한 연수를 스스로 찾아내어 자율적인 연수를 하고 있다. 또한 과거의 회식 위주의 모임보다는 문화체험 등 서로 소통하고 공감할 수 있는 대화의 장을 자주 갖고 이를 통해 서로 어려운 점을 이해하고 협력적인 공동체 문화를 만들 수 있었다.

　　소통과 배려로 함께 가는 지사행복교육, 이것이 우리 학교의 지향점이다. 혁신이라는 어원은 가죽을 벗겨내어 새롭게 한다는 뜻으로 섬뜩한 말이다. 그만큼 과거의 습관이나 행태를 단절하고 새로운 생각으로 산다는 것이 얼마나 어려운가를 말해주고 있다. 혁신학교의 첫걸음, 좀 더 새롭고 특별한 것을 추구하는 것도 좋지만 지금의 모습을 유지하면서 조금씩 변화해가는 게 더 중요한 일이라고 생각한다. 학교나 어떤 조직도 한 사람 또는 몇 사람의 힘으로만 이루지지 않는다. 우리 모두 각자의 생각과 사고가 하나로 뭉쳐질 때 큰 힘을 발휘한다고 생각한다.

이야기 3-5.

1년 동안의 셀프스터디를 되돌아보며

10여 년 전, ○○초등학교에서 전자교과서 관련 교육부지정 연구학교를 운영할 때의 일이다. 처음으로 교육부에 출장을 간 적이 있었다. 담당 연구관으로부터 연구학교와 관련된 안내도 있었지만 교육부에서 근무하면서 느낀 점을 듣곤 했었다. 그 분은 우리 교원들의 입지가 좁아지고 있음을 무척이나 안타까워하였다. 교육현장의 목소리가 교육부 관료들에게 전달되지 않고 또한 매우 왜곡되어가고 있어 여러 가지 어려움을 호소하곤 했다. 교육청에 근무하면서도 그 당시 가장 민감한 사항 중 하나는 학폭 가산점에 관련된 내용이었다. 각 시·도교육청을 대표하여 출장을 다녀온 담당 장학사는 참석한 사람 모두가 가산점의 부작용 내지 교직사회에의 혼란 등을 감안하여 바람직하지 않은 정책임을 누누이 강조하였음에도 전혀 변화가 없었다는 푸념을 토로하곤 했다.

셀프스터디를 한 지도 1년이 지났다. 셀프스터디의 가장 큰 목적은 자문화기술지를 통해 나를 돌아보고 다른 구성원들의 고민이나 생각을 공유해보는 시간을 갖는 것이다. 이를 통해 자신의 생각과 고민을 진지하게 되짚어보고 고민해 봄으로써 자신과 타인과의 관계에서 일어날 수 있는 오해와 고민을 이해할 수 있었다. 즉, 모든 답은 자신에게 있다는 말을 되새기게 하는 과정이었다.

그리고 '우리'라는 공동체의식의 함양이다. 교직사회에서 공동체 구성원들이 서로의 신뢰와 소통 그리고 동질감 형성을 위한 생각이나 마음을 이야기하는 장이 얼마나 있었을까? 물론 직설적이고 즉흥적인 대화보다는 효율성이 떨어질 수 있지만 오히려 이러한 대화를 하다보면 정제되지 못한 발언으로 오해와 불신을 가중시키는 경우도 있었다. 하지만 글로 표현하는 과정은 많은 생각과 자신의 감정을 정제하고 타인을 배려하는 효과가 있었다.

셀프스터디의 가장 큰 목적은 현장과 이론의 괴리감을 좁히는 것이다. 학교현장에서 일어나는 일에 대해 보다 세밀하고 근원적인 접근을 함으로써 학생, 학부모와 가장 밀접하게 접하는 교직원들의 의견을 반영할 수 있는 하나의 대안이라 생각한다. 아무리 좋은 정책이라도 현장에 안착할 수 없거나 일방적 추진이라면 본래의 목적을 달성할 수 없다. 형식적인 설문조사나 의견조사만으로는 학교에서 일어나고 있는 현상이나 그 내면의 여러 갈등을 근본적으로 해결하기 어려운 것이다. 따라서 교육정책이나 정책의 방향설정 그리고 실천 전략을 세우는 과정에서 가장 우선시 되어야 할 것이 현장의 의견수렴인 것이다.

교육부나 교육청의 모든 업무와 시책은 학교를 위한, 학교에 의한 것이어야 하며 결국 학교 현장과 괴리된 그 어떤 정책도 성공할 수 없다. 학교에서 일어나는 문화를 탐색하고 이에 맞는 정책의 실현을 위한 초석이 되는 의미 있는 과정이 되어야 한다고 생각한다. 따라서 관리자 또는 교직원 사이의 갈등을 해결하는 대안으로 좀 더 폭넓은 적용과 비교분석이 이루어졌으면 하는 바람이다.

제4장

한 혁신학교 교감의 학교혁신 이야기

김혜숙
(지사초등학교 교감)

이야기 4-1.
믿고 기다렸다 함께 간다는 것

교사시절, 마당 쓸려고 빗자루 들었는데 마당 쓸라 하시는 관리자분들에게 예민했던 나였다. 그래서인지 난 관리자가 되면 '선생님들을 믿고 기다리는 사람'이 되어보기로 마음먹었다. 관리자 입장에서 '갸르침'이라는 것이 듣는 교사들에게는 '잔소리'로 전달된다는 것을 잘 알기에. 이러한 마음가짐으로 함께한 지 1년 반~ 신기하게도 샘들이 내 마음을 알아주고 통하기 시작했다. 작게나마 나에게 감동을 주었던 몇 가지 사례를 적어본다.

#사례1

지난 4월, 선생님에게 모 신문사에 학생작품을 이메일로 보내달라는 부탁을 했다. 교육과정과는 별개의 부탁인지라 미안한 마음이었는데, 오히려 늦게 보내 미안하다고 말씀하시는 선생님과 주고받은 쪽지 내용이다.

교감: 신경써줘서 고마워!! 안 해도 되는 일인데~

교사: 요즘 교감선생님, 특히 교장선생님께 죄송한 마음이 들어서요^^;;
말씀하신 거 소홀히 한다는 생각 하실까 봐요. ㅎㅎ 아침독서도 2학
년 무조건 가는 것으로 약속했습니다. *^^*

교감: 그러한 ○○샘 생각이 울 학교 교육철학과 맞는 거지. 서로에 대한
조금의 배려!! 거기서 감동받고 행복하고 그러다 서로를 인정하게
되고 우정을 쌓아가는 거라고 생각해!! 그래서 고마운 거야~

교사: 네^^ 학교 생활하면서 교감, 교장선생님께 감사하면서도 죄송한
마음이에요. 맘 편하게 말씀도 안하시고 참으시는 것도 많으신 것
같고……. 그냥 믿고 기다려주시는 것 같고요……. ^^;; 빨리빨리 제
가 알아차려서 고치면 좋은데 사람이 그게 쉽지 않네요. *^^* 그래
도 항상 기다려주시는 것 감사드립니다. 그 말씀 꼭 한 번 드리고
싶었어요. ^^

교감: 어머~ 기분이 너무 좋네~ 서로 인정하고, 믿고 기다려주는 것!! 그것
이 교감으로서 나의 철학이고 다짐이거든! 그것이 우리 ○○샘한테
전달되어 느껴졌다면 성공한 거네.~~ 야호!! 고마워~ 내 마음을 알
아줘서~~. 나 또한 아이들 위해 세심하게 신경써가며 열심히 하려는
○○샘 맘이 고스란히 느껴져~ 그러기에 믿어!!

#사례2

지난달에 임실과학청소년경진대회 참가자 명단이 공문으로 왔는데 우리 학교 학생 명단만 없는 것에 대하여 나도 조금은 염려하고 있었는데 이런 나의 마음을 알기라도 하듯이 과학 샘이 나에게 다가와서 하는 말,

> 과학샘: 교감샘, 사실은 제가 과학에 대해 아는 것이 부족해서 과학경진대회에 참가를 못했어요. 그런데 내일 임실초에서 대회가 있는데 직접 가서 보고 배워 와서 내년에는 도전해 볼까 합니다.
>
> 교감: 이렇게 말해주는 샘이 너무 고맙네. 나도 경진대회 명단에 울 학교만 없어서 조금 걱정은 했어. 내일 출장 달고 다녀와~.

이렇게 다가와 이야기 해주는 과학 샘에게 고마운 생각이 들었고 '참가하지 못한 무슨 이유가 있겠지'생각하며 기다려준 내 자신을 기특해하며 머리를 '쓰담쓰담'했다. 잘하고 못하고가 중요한 것이 아니라 아이들을 위해 뭔가를 하고자 하는 선생님들의 마음가짐이 나를 감동시킨다.

#사례3.

우리 혁신학교 계획에 교사가족을 모셔서 학교안내 및 수업을 공개하는 프로그램이 있다. 시작은 해야 하는데 샘들에게 부담스러울까봐

말도 못하고 기다리고 있었다. 그런데 지난주에 연구 샘이 해외 연수 다녀오느라 부모님을 뵙지 못했다고 다음 날 모시고 수업을 하겠다고 했다. 어찌할지 몰라 선뜻 발을 들여놓지 못하고 있는 길에 용감하게 첫 발을 내딛어준 연구 샘에게 너무 고맙다. 2박3일을 고민하며 엮어낸 우리 학교의 철학인 '소통과 배려로 함께 가는 지사행복교육'. 실천을 통해서 조금 늦어질지 모르지만 믿고 기다렸다가 웃으며 함께 가는 우리가 난 참 좋다.

이야기 4-2.

뭣이 중헌디?(책임과 책무)

얼마 전 종영된 '태양의 후예'라는 드라마를 보면서 가장 기억에 남는 장면이 아랍에미리트 대통령이 생명이 위독한 상태로 실려온 것이다.

유시진: 이 환자 살릴 수 있습니까?

강선생: 살릴 수 있어요.

유시진: (수신기를 빼며) 살려요.

유시진 대위는 상사의 명령이 전달되는 수신기를 빼버리고 자신이 책임지겠다며 살릴 수 있다는 강 선생에게 수술을 하라는 장면이다. 그 래서 대통령은 살았고 유시진 대위는 명령불복종으로 며칠간 창고 속에 갇혀 지내었다. 책임감 있는 유시진 대위가 상남자처럼 멋져 보이며, 책 임과 책무에 대해서 많은 생각을 하게 하는 부분이었다. 책임이 주로 도덕적이고 내재적인 것을 의미한다면 책무는 외부로부터 오는 것이고 객관적인 책임을 의미한다. 책무가 성립되기 위해서는 반드시 책임과 권한 부여가 있어야하고 따라서 '처리'하는 것이 책무성에서는 더 중요하다. 따라서 역설적으로 책무성이 강조될수록 업무량이 증가하고 이에 따라 교사들의 전시 행정식, 책임회피식 현재주의는 더 강화된다.

학교현장에서 전시행정식, 책임회피적 책무성이 어떤 결과를 낳는지 적나라하게 드러나는 부분이 학교폭력과 학생의 죽음 그리고 각종위원회와 그에 따른 회의록들이다. 학교는 책무를 지지 않기 위해 애를 쓴다. 학생의 죽음이 학교와는 무관함을 증명하기 위해 애를 쓰고, 죽음을 방지하기 위해서 학교가 상담과 회의 등 모든 일을 했다는 증거를 서류로써 보여주기 위해 애를 쓴다. 여기서 학교가 학생의 죽음을 두고 공유해야 하는 책임의 문제는 관심사로 떠오르지 않는다.

'뭣이 중헌디?'를 생각하게 하는 요즘 교육현장의 현실을 보면서 이제 막 시작되고 있는 성장평가제를 실천하는 데 있어서 설렘 반, 걱정 반의 마음이다. 이제 제대로 된 평가의 방향을 찾아 나아가고 있다는 설렘. 그리고 걱정되는 마음은 방향과 본래 취지를 무시한 채 일정한 틀을 찾아가며 교실마다 평가지가 쌓여가지는 않을까 하는 마음이다. 나라의 녹을 받고 있는 공무원으로서의 책무성과 우리 아이들의 성장을 도울 수 있는 평가를 하는 교사로서의 책임감, 이 두 가지 중 어느 한 가지도 소홀히 할 수 없는 우리들이다. 어느 한쪽으로 치우치지 않고 초등성장평가제가 정착되어갈 수 있는 방법에 대한 아름다운 고민이 필요한 때이다.

이야기 4-3.
내 핸드폰 속 "지사가족"의 의미

시대가 변함에 따라 소통의 방법도 달라진다. 몇 년 전만 해도 현장학습을 가거나 학교에 행사가 있을 때에 각 가정으로 가정통신문을 보내고 당일에는 아이들의 안전을 알리기 위해 일일이 전화를 드렸다. 그리고 아이들을 인솔하느라 정신없는 상황에서도 학교에 남아계시는 관리자분들에게도 도착과 근황을 알리는 전화를 일일이 드리곤 했다. 안 그러면 왜 연락이 없냐고, 무슨 일 난 줄 알았다고 불호령이 떨어지기도 했기 때문이다. 그럴 때면 '치, 아이들 데리고 와 보시지 말이지. 얼마나 정신없고 바쁜데 의전까지 하라니~~ 먼저 걱정해서 연락 주시면 안 되나?'하며 궁시렁거렸던 기억도 난다.

그런데 엄청난 속도로 IT산업이 발달하면서 개개인의 손 안에 스마트폰이라는 컴퓨터를 한 대씩 들고 다니는 시대가 되었다. 이러한 시대에 각 학급에서는 가정통신문과 행사진행상황을 실시간으로 클래스팅이라는 SNS를 이용해 학부모님들에게 전달하고 댓글이라는 것으로 바로 피드백을 받는다. 아이들과 함께 좋은 추억 만들어 주셔서 감사하다는 말씀, 혹은 우리 아이가 감기에 걸려 몸이 불편하니 살펴봐 달라는 말씀, 학교 도착시간에 맞추어 아이들을 픽업해 가시라는 말씀 등 담임 선생님과 학부모님들 간의 실시간 소통의 장이다. 예전의 종이문서나 전화 그리고 요즘의 클래스팅이건 간에 담임 선생님들과 학부모님들 간에는 서로를 존중하는 마음이 커서인지 큰 문제없이 소통이 잘 이루어졌다고 생각한다.

예나 지금이나 소통이 잘 이루어지지 않는다고 삐걱대고 잡음이 나는 곳은 항상 '관리자와 교사들 간의 소통'이다. 이러한 면에서 내 폰에 교장 교감을 포함한 15명으로 구성되어 있는 '지사가족'이라는 단톡방이 있다. 우리는 이 단톡방에 현장학습 도착현황이나 진행상황을 사진과 함께 올리기 때문에 굳이 샘들이 아이들 인솔하며 번거로운 상황에서 학교에 계시는 관리자에게 상황을 보고하는 전화까지 하지 않아도 된다. 카톡에 올리는 일도 꼭 담당교사가 해야 하는 부담감 없이 맘과 손이 좀 한가한 사람이 올리면 된다. 서로 배려하고 양보하는 마음이 잘 어우러져 말없이 돌아가는 모습이 한눈에 보인다. 그러면 학교에 앉아서도 꼭 현장학습을 함께 간 듯한 착각이 들곤 한다. 숙박하는 현장학습 시에는 아이들 잠들기 전까지의 모습을 올려줌으로써 온 교직원들이 함께하는 샘들이 얼마나 애쓰시는지도 알게 되고 파이팅 넘치는 메시지를 전달함으로써 멀리 계시는 샘들은 힘을 얻게 된다.

때로는 집에서 쉬는 주말에 좋은 학교 경영이나 교육과정 운영의 아이디어가 떠오르면 선생님들의 의견을 묻기도 한다. 그러면 그 물음에 무조건 긍정적 의견만 다는 것이 아니라 수정 보완해야 할 사항까지 자신의 솔직한 의견을 표현한다. 그러한 부분에 대해서 서운해 하는 사람도 없다. 참 멋지다.

쉽지 않다는 단톡방이, 우리 '지사가족' 단톡방이 유지될 수 있는 비결은 뭘까? 교사시절에, 관리자와 함께하는 단톡방에서 교장선생님 글에 뭐라고 댓글을 달아야 하나 말을 안 하자니 미안스럽고 하던 난감했던 경험이 있어서 선생님들의 마음을 잘 아는데 이런 선생님들의 마음을 아는 듯, 우리 관리자님은 온 맘을 실은 파이팅 넘치는 격려와 칭찬을 담은 짧은 메시지를 전할 뿐 길게 쓰지를 않는다. 다른 단톡방들의 패인이 관리자들의 지나친 글 욕심에 있다면, 우리 단톡방이 활기 넘치게 유지되는 비결은 관리자의 '관심어린 무관심'이 아닐까 싶다. 그리고 또 다른 하나는 선생님들이 가끔씩 가볍게 소소한 일상을 전한다. 날씨가 추워졌다고 장작불 지피는 모습, 아이들 현장학습에 선생님이 엄청 신나게 즐기는 모습, 거실의 우렁이가 새끼를 낳은 모습, 분위기 좋게 회식하는 모습 등 인간미 넘치는 모습들이 서로를 이해할 수 있게 하고 웃음을 자아내며 소통을 이끌어내는 윤활유 역할을 한다.

내 핸드폰의 '지사가족'은 나의 자랑이고 우리 지사초의 선생님들이 가장 맘 편하고 쉽게 소통할 수 있는 공간이라고 감히 자신 있게 말할 수 있다. 내가 다른 사람들에게 이렇게 말하면 꼭 질문한다. "관리자들이 있는데 샘들이 정말 편하게 이야기할까? 혼자만의 생각 아니야?" 이러한 질문에 난 자신 있게 대답한다. 아니라고, 우리 학교 샘들도 나와 같은 맘이라고. 느낌 아니까.

이야기 4-4.

知사랑 학부모 독서모임

매월 마지막 주 목요일 저녁 7시가 가까워지면 나의 맘이 분주해지고 학부모님들은 하던 농사일을 멈추고 발걸음이 바빠지는 시간이다. 바로 '지(知)사랑 학부모 독서모임'이 있는 날이기 때문이다. 이 학부모독서모임을 시작하게 된 계기는, 교감으로 지사초등학교에 발령을 받으면서 '내가 교감으로서 선생님들과 아이들을 위해서 할 수 있는 일이 무엇일까?' 고민하고 있을 때, 진안으로 발령 난 제자를 만났다. 일반대학교를 다니다가 다시 공부하여 교대를 들어간 제자였는데 어려서부터 늘 책을 가까이 하던 제자였다. 그런데 이 제자가 '선생님, 제가 다시 공부할 수 있었던 힘은 어려서부터 책을 읽었던 독서의 힘이었어요'라고 말하는 것이었다. 바로 이거다. 나의 고민이 싹 해결되는 순간이었다.

아이들은 부모님의 뒷모습을 보고 배운다고 한다. 가정에서 책 읽는 부모님의 뒷모습을 보면서 아이들도 자연스레 책과 가까이 할 수 있는 환경을 만들어보자. 그리고 '개인의 생각, 개인의 행동, 집단의 생각, 집단의 행동' 이 네 가지 중에서 가장 변화시키기 어려운 것이 무엇일까? 바로 '집단의 생각'이다. 한 두 명이 아닌 지사초 학부모님들의 서로 다른 교육에 대한 생각을 행복교육이라는 한 방향으로 이끌어 갈 수 있는 방법은 '독서'가 최선이라고 생각했다. 교감이 7학년인 학부모님들의 담임 역할을 하면서 선생님들이 아이들과 함께 행복한 시간을 보낼 수 있는 뒷받침이 되어보자. 이러한 생각을 바탕으로 만들어진 것이 '知사랑 학부모독서모임'이다.

이 독서모임을 시작하면서 나름대로 세운 방침이 있었다. 날짜를 수시로 변경하지 말자. 학부모님들이 나오시지 않는다고 포기하지 말고 한분만 나오셔도 감사하는 마음으로 그대로 하자, 포기하면 시작하지 않은 만 못하다. 설령 책을 읽지 않고 나오셨어도 부담감 갖지 않도록 하자. 50회가 될 때까지 아니 내가 이 학교를 떠나도 계속 이어나갈 수 있도록 하자. 이렇게 굳게 맘먹고도 매월 마지막 주 목요일이면 걱정부터 앞선다. '모두들 바쁘셔서 한 분도 나오시면 않으면 어쩌지? 이번 책이 어렵지는 않았나?' 등등. 하지만 우리 학부모님들은 조금 늦을 뿐 나를 실망시킨 적은 한 번도 없었다. 농사일이 바쁠 때면 장화를 신고 수건으로 머리 툭툭 털며 오시기도 하고 직장일이 늦게 끝날 때면 기다리고 계실 선생님들 생각에 그냥 집으로 향할 수 없었다며 늦게라도 얼굴을 비추시는 분들이시다. '소통과 배려'라는 울 학교 교육철학은 여기서도 묻어난다. 그러기에 별을 보며 집으로 돌아가는 발걸음은 보람찬 하루를 느끼게 해준다.

자, 그러면 이러한 학부모 독서모임은 지사초등학교에 어떤 변화를 가져왔을까? 첫째, 부모님들의 자존감이 높아지고 아이들은 행복하다. 작은 시골학교에 내 자녀들을 보내면서 공통적으로 갖는 고민은 '도시 아이들에 비해 뒤처지는 거 아닐까?'라는 의문이다. 우리 학부모님들 또한 이런 고민을 가지고 계셨다. 임실에서 태어나 자랐기 때문에 여기에 살고 있지만, 또는 경제적 여건이 되지 않아 농촌에 살고는 있지만 '내 자식만큼은 좋은 학원도 보내고 공부도 잘 하도록 키우고 싶은데……', 이것은 대부분의 부모님들 바람이다. 하지만 이제 울 학부모님들은 아신다. 아이들을 행복하지 않게 하는 것이 '비교'라는 것을, 그리고 자연이 주는 행복을, 아이들이 하고 싶어 하는 것을 하게 하는 것이 최고의 진로교육이라는 것을. 여러 권의 책을 통해 알게 되었고 느끼게 되었다. 그리고 학부모님들은 농사를 지으면서도 CEO라는 생각을 가지고 있을 정도로 자존감은 높아지고 아울러 아이들은 행복해지게 되었다.

둘째, 부모님들은 아이들에게 줄 수 있는 가장 큰 선물이 '시간'이라는 것을 안다. 방과후학교, 초등돌봄교실, 야간돌봄교실, 엄마품멘토링, 지역아동센터 등 저녁시간에도 아이들을 돌봐주는 곳들이 많다. 부모들이 맞벌이 때문이기도 하지만 저녁식사까지 해결해주는 돌봄 기관들이 부모들에게는 자녀를 맡기고 룰루랄라 자유롭게 시간을 보내게 도와주기도 한다. 일을 마쳤으면 혹은 일이 없으면 아이들과 함께 하는 부모들이어야 하는데, 아이들과 함께 하는 시간도 시기가 있는 법인데 참 안타까운 현실이다. 그러나 울 지사초 학부모님들은 일이 없는 시간이면 가정에서 아이들과 함께 보내기 위해 최선을 다하는 모습을 보인다. 얼마 전, 학부모님들만 실시하려는 토요문화행사에 신청하시는 학부모님들이 없어 이유를 여쭈어보니 모두가 아이들 때문이란다. 감동과 아울러 미리 배려하지 못하고 행사를 실시하려한 데서 미안함이 앞섰다.

셋째, 소통과 배려의 시간이 많아졌다. 만약에 한 달에 한 번씩 하는 학부모독서모임이 없었다면 울 학부모님들을 1년에 몇 번이나 볼 수 있을까? 교육과정설명회나 체육대회 등 학교행사에서 몇 차례의 어색한 만남을 가져야할 것이다. 그러나 우리 지사초는 독서모임을 통해 자주 얼굴을 보고 책이야기를 하면서도 학교발전 및 운영에 대한 이야기, 학교에서 미처 파악하지 못했던 아이들 생활이야기도 자연스레 함께 나온다. 그래서 학부모독서모임은 문제가 더 커지기 전에 해결할 수 있는 소통과 배려의 공간이고 시간이다. 심각한 민원 이야기도 웃으면서 소소한 이야기로 할 수 있는 곳이기도 하다. 서로 얼굴 붉히며 언짢아할 이야기도 얼굴 보며 이야기하다보니 서로 간에 오해는 사라지고 이해하는 마음만 커져가는 것을 실감한다.

한 달에 한 번씩 하는 학부모독서모임이 11월로 열아홉 번째를 맞이

하였다. 차곡차곡 쌓여 커지는 숫자가 주는 의미도 참 크다. 그 숫자만큼 학부모님들과 소통은 활발해지고 정은 깊어지고 생각의 폭은 넓어졌다는 것을 의미하기도 한다. 하지만 마음 한구석에는 불편한 부분도 있다. 어떠한 이유에서건 참여하지 못하는 학부모님의 문제이다. 혁신학교를 시작하면서 학부모독서모임과 연계하여 네 번의 '자녀와 함께 떠나는 토요문학답사'를 통해 가족들이 문학여행을 하며 하나 되는 모습에 감사하면서도 함께하지 못하시는 분들에 대한 아쉬움은 크다. 이를 해결할 수 있는 방법을 서로 고민하여 내년에는 한가정도 빠지지 않고 모두가 참여하는 지사랑학부모 독서모임과 토요문학답사가 될 수 있도록 방안을 모색해보고 해결되기를 기대해본다.

이야기 4-5.
글쓰기는 나에게 뭘까?

2016학년도 혁신학교 1년차를 하면서 우리가 한 것 중에 가장 의미 있고 잘한 것을 꼽으라면 난 망설이지 않고, '전 교직원이 함께한 글쓰기요'라고 말한다. 이런 말을 하는 나를 보고 아무것도 모르는 사람들은 내가 엄청 글쓰기를 잘하는 줄 착각할지도 모르겠다.

작년 3월 이동성 교수님의 글쓰기 강의를 들을 때만 해도 글을 통해 나를 기술하면서 자문화기술지 어쩌고저쩌고 하는데 손에 잡히는 게 없고 어렵게만 느껴졌다. 어렸을 적 글짓기대회 나가 상 타본 적도 없는 내가 다른 선생님들 앞에서 글을 써서 읽어야 하다니, 그것도 교감인데 좀 더 잘 써야 하는 것은 아닐까? 교감이 저 정도밖에 안 되나 하고 흉보는 거는 아닐까 하는 부담과 걱정을 안고 별의별 생각을 다하면서 시작했다. 그런데 처음 글을 써서 발표하는 날, 시아버지 상을 당해 빠지게 되었다. 왜 그리도 다행이라는 생각이 들면서 기쁘던지……. 이러던 나였다. 가능한 한 빠져보려고, 될 수 있으면 안 해 보려고 안간힘을 쓰던 나였다. 그런데 오늘, 교육청에서 있는 학폭대책자치위원 연수와 글쓰기 시간이 겹쳤다. 작년 같으면 '이게 웬 떡이냐'하는 생각에 망설임 없이 교육청 출장 행을 택했을 것이다. 하지만 1년이 지난 지금은 글쓰기 시간은 빠질 수 없는 소중한 시간이 되었다. 글쓰기 시간은 교육경력 25년 만에 새롭게 경험해보는 신세계였다. 글쓰기의 어떤 매력이 날 글쓰기의 신세계로 이끌었을까? 오늘은 이것을 정리해 보고자 한다.

첫째는 지사교육가족의 주축이 될 수 있는 교직원들의 관계형성에 큰 역할을 해주었다. 사람 사는 세상의 모든 희로애락(喜怒哀樂)은 관계에서 온다. 그리고 천 가지 문제의 해답은 단 하나, 관계에 있다. 관계는 사람과 사람이 서로 알아가면서 맺어진다. 교직원 한 사람 한 사람 자신의 경험과 생각 그리고 느낌을 넣어 쓴 글을 공유하면서 '아~ 저 선생님은 저 상황을 저렇게 생각하셨구나', '생활하면서 저러한 어려움이 있었구나', '저 선생님은 학급에서 아이들과 함께 저러한 문제가 있었구나' 등등 이해하게 되면서 지나간 어려웠던 시간들을 쓰다듬어 주지 못해 미안했다. 하지만 그 이후 비슷한 상황이 되면, 그 상황 그대로 존중하고 배려할 수 있게 되어 흐뭇하기도 했다. 적어도 나는 그랬다.

둘째는, 진정한 소통의 장이 될 수 있도록 솔직한 자신들의 이야기를 해준 교직원들이 있었다. 자신들의 이야기를 하기에 다른 사람들의 시선을 의식한다면 할 수 없는 일이었을지도 모른다. 상사나 동료들의 입맛에 맞는 이야기들만 써서 서로 몇 번 고개 끄덕이며 넘길 수도 있는 시간들이었을지도 모른다. 하지만 우리는 그러지 않았다. 내가 무엇을 고민하고 있는지를 썼고, 함께 하면서 내가 무엇이 힘든지를 썼고, 내가 이렇게 살아 왔노라는 이야기를 썼다. 그리고 함께 가기 위해 도와달라는 눈빛들을 보내기도 했다. 그러한 개개인의 생각들에 대해서 어느 누구도 이상하다거나 틀렸다고 말하지 않고, 이야기해줘서 고맙다 했고, 개개인의 생각의 다름을 인정해줄 줄 알았다.

마지막으로, 학창시절로 돌아가 과제를 해가며 나를 되돌아보는 시간이었다. 학생시절, 선생님이 내준 숙제를 끌어안고 시작도 하지 않으면서 머릿속만 묵직하니 복잡하고 초조한 시간들……. 맘먹으면 쉽게 할 수도 있으련만 왜 그리도 맘먹기가 힘든 것인지……. 그러다가 큰 맘먹고 다르륵 써내려간 글, 다 해놓고 보니 스스로는 작품이라고 느끼며 흐뭇한 미소를 짓는다. 그러면서 어렵게 과제를 다 마친 뿌듯함은 교수님이 오실 날을 기다리게 만든다. 오래간만에 느껴보는 고통을 동반하는 행복한 기다림의 시간이다. 그리고 첫 발령과 함께 야심차게 써내려갔던 교단일기, 지금까지 빠뜨리지 않고 쭉 썼더라면 어마어마한 작품이 되었을 텐데, 나의 끈기와 인내는 왜 이리도 부족하단 말인가? 우리교사들이 컴퓨터에 앉아 공문이나 자료집계가 아닌 교단 일기를 쓸 수있다면 얼마나 행복한 시간일까? 그래서인지 아이들과 함께 하느라 혹은 업무처리 하느라 너저분하게 펼쳐놓고 정리할 시간이 없던 나에게는 뒤를 돌아보며 생각하고 정리할 수 있는 시간이 되었다. 아울러 새로운 아이디어로 도전할 용기를 가질 수 있는 시간이었다. 매일매일은 아니지만 선생님들과 함께한 글쓰기가 나에게는 그러한 시간이었다.

글쓰기는 나에게 뭘까? 라고 다시 묻는다면 '고통을 동반한 기다림의 시간'이다. 옛말에 몸에 좋은 약은 입에 쓰고 몸에 좋지 않은 것은 달다고 했다. 고통을 동반한 기다림의 시간은 분명 나를 성장시킬 것이라 믿는다. 마지막 온점을 찍는 순간 고통은 사라지고 행복한 기다림의 시간만 남는다.

이야기 4-6.
6조 직계제와 의정부 서사제

역사시간도 아니고 이 어울리지 않는 제목은 뭐지? 요즘 역사에 관심을 가지고 책들을 읽다보니 이러한 제도가 비단, 조선시대에만 실시했던 제도가 아니라는 생각이 들었다. 제도 이름만 다를 뿐 예나 지금이나 존재하고 있다. 그리고 이러한 제도가 나라에서만 실시하고 있는 제도가 아니라, 크게는 나라에서 작게는 학교나 가정에서도 실시하고 있는 제도였다. 아이들이 이해하기 어려운 국제사회문제 혹은 전쟁 등을 공부할 때 아이들이 소속되어 있는 작은 학급이나 가정에 비유해서 이야기하면 아이들은 곧잘 이해하곤 했는데, 사람 사는 사회의 문제는 어린이나 어른이나, 사회규모가 크나 작으나 비슷한 맥락이기 때문이다.

먼저, 위 제도에 대해 간단히 설명해 보자. 조선시대에는 왕권과 신권의 관계에 따라 〈6조 직계제〉와 〈의정부 서사제〉가 실시되었다. 〈의정부 서사제〉는 6조에서 정책의 심의를 위해 의정부에 보고를 하면 의정부의 3정승 영의정, 좌의정, 우의정이 합의하고 결정하여 국왕에게 건의하고 국왕은 재가하고 이를 의정부에서 6조에 전달하는 제도이다. 조선 개국 초 〈의정부 서사제〉를 태종14년 〈육조 직계제〉로 바꾸었다가 세종 18년에 다시 〈의정부 서사제〉로 바꾸었다. 〈의정부 서사제〉는 왕권을 견제하고 왕권과 신권의 조화를 추구하는 제도이다. 〈6조 직계제〉는 의정부를 거치지 않고 국왕이 6조에 직접 보고받음으로써 의정부의 기능은 유명무실해진다. 〈6조 직계제〉는 왕권을 강화하기 위해 실시했다. 태종이 병권을 중앙에 집중하는 등의 왕권 강화와 중앙집권체제의 정비를 위해 실시하였고, 세조 때에도 문종이 일찍 죽고 단종이 즉위하면서 약화된 왕권을 강화하기 위해 실시되었다.

이 제도를 그대로 학교로 가져와 보자. 그리고 역할을 나누어 보면, 교장은 왕, 교감은 의정부, 교사들은 6조에 해당된다. 교사시절의 나의 생각을 이야기해보면, '복무에서부터 효율적인 교육과정 운영을 위한 계획서까지 일차적으로 교감에게 말하고 그 내용 그대로 다시 교장에게 전달을 하다보면 다 같이 모여 이야기해서 한 번에 해결하면 안 될까?', '교감선생님이 의견을 모아 교장선생님에게 전달해주면 안 될까?' 생각했었다. 그래도 다행히 두 분이 의견이 맞아서 오케이하고 결재가 떨어지면 좋으련만 한 분은 오케이(OK)하고, 한 분은 노(NO)할 경우는 '대략난감' 상황이 된다. 다시 시작해야 한다. 계획서를 다시 정비하고 교감에게 이야기하고, 그 내용 그대로 다시 교장선생님에게 이야기하고.

다시 되풀이된다. 이러다보면 아이들 가르치는 일보다 업무로 인해서 시간이 걸리고 기분도 언짢아진다. 결재판을 가지고 교실에 들어와 아이들에게 나도 모르는 사이에 짜증이 나곤 했다. 교과서 내용도 머릿속에 잘 들어오지도 않은 채 씩씩거리고 있다. '아무개, 너는 왜 시끄럽게 하니?'하며 곱지 않은 날카로운 목소리가 나온다. 이렇게 피해는 고스란히 아이들에게 간다.

그래서 교감이 되면서 나의 생각을 이야기해보면, 교사들이 업무나 복무에 대해서 교감에게 말하고 수업에 들어가면 수업이 없는 교감은 교장선생님과 의견을 나누고 내려진 결론을 수업이 없는 빈 시간에 담당교사에게 업무의 방향을 전달하거나, 담당교사와 협의가 필요한 경우에는 수업이 없는 시간에 한자리에 모여 의견을 나누며 마무리하면 이 또한 교사들에게는 정신적으로나 시간적으로 엄청난 업무경감이고 장권(?)과 교권이 조화를 이루며 학교가 운영되리라는 생각이 들었다. 이러한 의사전달제도가 조선시대의 왕에 따라 달라졌듯이 학교에서는 교장에 따라 달라진다는 문제점을 안고 있다. 위에서 보면 알 수 있듯이 대부분 우리가 아는 성군들은 의정부 서사제를 실시했고, 우리가 아는 폭군들은 6조 직계제를 실시했다.

우리 학교는 의정부 서사제에 가까운 의사전달제도를 실시하면서 '교장선생님과 교사들의 소통시간을 내가 가로채는 것은 아닌가?', '나도 사람인지라 아주 작은 것까지도 전달하려고 노력하는데 여러 사람

역할을 모두 하다 보니 중간전달자로서 혹시 놓치는 부분이 있어 교장선생님이나 선생님들을 서운하게 해드린 적은 없었을까?' 염려되고 걱정되는 부분도 있다. 의정부 서사제의 실시로 인해 왕이 의정부와 6조를 믿듯이 우리 학교 또한, 교장선생님이 교감과 교사들을 신뢰함으로써 분명 교감과 교사들은 웃고 있다. 교사가 행복해야 아이들도 웃을 수 있다.

이야기 4-7.
'제대로', '충분히' 읽고 있을까?

얼마 전 '세상과 통하는 교육, 행복한 학교 만들기'라는 연수를 통해 '미래를 대비하는 학교교육'이라는 강의를 들었다. 요즘 초중고생들의 일상적인 언어가 되어버린 '욕'. 청소년들이 욕을 하는 가장 큰 이유 중에 하나가 스트레스 때문이라고 한다. 학업에 대한 스트레스, 가정과 학교에 대한 스트레스 등 해맑게 웃고 행복해야 할 우리나라 청소년들이 스트레스로 가득 차 있다. 이 스트레스가 해소가 되면 욕은 줄어드는데 학교에서 아이들의 스트레스 해소 방법으로 세 가지를 제시하고 있다.

첫째는, 악기를 활용한 교육과정 운영이다. 독주보다는 합주를 통한 프로그램이 청소년들의 정서순화 기능에 효과적이라고 한다. 둘째는, 운동이다. 이 또한 혼자서 하는 운동보다는 여럿이서 함께 하는 구기종목이 효과적이다. 그러나 운영상 꼭 염두에 두어야 할 점은 공격과 수비의 역할을 교체하여 서로의 마음을 이해할 수 있는 기회를 주고, 악수와 인사 등 운동할 때 지켜야 할 기본적 품격을 지닐 수 있도록 하고, 아이들 스스로 그 자리에서 '왜 졌는지, 이번 경기에서 어떤 점이 좋았는지, 더 노력해야 할 점 등' 생활토의를 할 수 있도록 지도하는 것이다. 셋째는 교양이다. 독서문화가 안정적으로 정착이 되어야 교양이 성공한다.

이 강의를 듣고 가만히 생각해 보았다. 제주도 수학여행을 가서 2박 3일을 함께 자면서, 점심시간에 강당에서 뛰어노는 남자아이들을 보면서 '우리 학교 아이들은 욕을 잘 하지 않는구나'라는 생각! 그 이유가 여기에 있었구나! 하며 유레카를 외쳤다. 락밴드와 티볼 그리고 아침독서가 어느 정도 우리 아이들의 스트레스를 해소해 주었나 보다. 그러나 한편으로는 아침독서 운영에 있어서 걱정과 의문이 생겼다. 2년째 아침마다 20분씩 하고 있는 아침독서인데 아이들이 '제대로', '충분히' 읽고 있을까?

독서는 저축과 같은 것이다. 지금 당장은 교과공부를 열심히 해야 성적을 올릴 수 있지만, 생활독서는 원금과 이자 그리고 그 이자에 복리까지 더해서 분명히 되돌려준다. 어쩌면 다른 아이들보다 일찍 등교하여 시키지도 않았는데 한 두 명의 아이들이 도서관에서 책을 읽고 있다면, 이는 성공한 독서교육이라고 한다. 성공이라 할 만한 한 두 명의 아이들은 분명히 있다. 그러나 대부분의 아이들이 2년 동안 계속된 아침독서임에도 불구하고 요란한 발걸음과 입소리로 도서실로 간다. 한참동안을 어슬렁어슬렁 읽을 책을 찾는다. 그리고 학년수준에 맞지 않는 글밥이 적은 책과 만화책을 책상 가득 쌓아놓고 읽는다. 혹은 책장만 넘기고 있는 아이들이 있다.

장기간 이렇게 행동해온 아이들을 계속 그렇게 하도록 내버려두는 것은 교사로서 직무유기가 아닐까 싶다. 이제는 교사로서 아이들의 생활독서의 변화를 기대하며 의도적인 계획이 필요한 때라고 생각한다. 우리 아이들이 '제대로', '충분히' 읽도록 하기 위해서, 책을 좋아하도록 하기 위해서 우리 교사들이 어떤 도움을 줄 수 있을까?

먼저, 아이들이 자기만의 도서리스트를 만들도록 해보자. 교사가 만들어서 교실 뒤에 붙여놓고 '올해는 이 책들을 읽어보자'가 아니고, 아이들이 읽고 싶은 책들로 학년 수준에 맞게, 스스로 각자의 리스트를 만들어 보도록 하자. 두 번째는 '내가 읽어봤는데 말이야, 이 책은~'으로 시작하는 말로 교사가 직접 읽어보고 아이들에게 책을 권해보자. 교사가 읽은 책에 아이들은 관심을 갖는다. 셋째는, 책을 읽고 난 아이들에게 질문을 해보자. '책을 읽고 나서 나의 달라진 점은 무엇이니?', '작가를 만난다면 무슨 이야기를 나누고 싶니?', '이 책을 읽고 또 다른 읽고 싶은 책은 뭐니?', '이 책의 내용에 동의하는 점과 동의하지 않는 점은 뭐니?'등 읽은 책 내용을 상기시키고, 생각을 확장시킬 수 있는 질문을 던져보자. 그러면 독후감 내용 또한 달라질 것이다. 교사들의 의도적인 계획과 관심으로 우리 아이들이 독서라는 적금통장을 만들어 저축을 시작할 수 있으리라 믿는다. 그러므로 인해서 스트레스를 해소하고 욕

이 없는 교실과 생활독서라는 교양, 두 마리의 토끼를 잡을 수 있기를

기대해 본다.

이야기 4-8.
'교육공동체'라면

"한 아이를 키우려면 온 마을이 필요하다"라는 아프리카 속담은 아이가 건강하게 자라기 위해서는 부모님의 사랑뿐 아니라, 주변의 이웃들도 관심과 애정으로 함께 보살펴 주어야한다는 뜻이다. 아이를 가르치고 돌보는 일은 부모만의 문제가 아니라 학교·지역사회 등 많은 사람의 협력과 관심이 필요하다는 말이다. 어쩌면 이 말을 다섯 자로 줄이면 대부분의 학교들의 비전이나 경영방침에 일색으로 표현되고 있는 '교육공동체'가 아닐까 싶다.

어느새 날씨가 쌀쌀해지면서 한 학년도를 되돌아보고, 새 학년도를 위해 계획을 수립하는 시기가 되었다. 이 시기가 되면 교사들은 새 학년도 계획 수립을 위해서 먼저, 며칠 동안의 교육과정 워크숍을 통해 올해 학교교육과정과 학급교육과정에 대해서 스스로 반성하는 시간들을 가진다. 그런 시간이면 어쩜 그리 잘한 것보다는 아쉬움과 함께 잘못한 것들만 생각나는지. 그러면서 내년에는 더 잘해봐야지 하는 맘으로 새롭게 계획을 세우고 실천의 의지를 다진다.

이와 아울러, 학부모님들의 교육과정 워크숍도 실시한다. 올 한해 교육과정 운영에 대한 학부모님들의 이야기를 듣고자 학부모님들을 한 자리에 모이게 한다. 교육과정과 행사운영에 대하여 아이들 교육에 유익하고 도움이 되었던 부분, 좀 더 노력과 보충이 필요한 부분에 대해서 이야기를 나눈다. 이런 시간이면 왠지 우리 학교가, 그리고 교사들이 학부모님들의 평가를 받고 있는 시간이라는 생각이 든다. '교육공동체'라면 지역사회까지는 못가더라도 우리 교사들과 학부모님들은 아이들을 가르치고 돌보기 위하여 각자가 계획을 수립하고 학년말이면 스스로 자기반성을 해야 하는 시간이 필요하지 않을까? 그러나 현재 우리의 교육은 점점 아이를 가르치고 돌보는 일이 학교만의 일로 여겨지는 경향이 짙어만 간다. 이 문제를 해결할 수 있는 방법에 대해 고민해 봐야하지 않을까 싶다.

이야기 4-9.
한 편의 영화 같았던 토요문학답사!

매월 마지막 주 목요일 밤에 몇 차례의 학부모독서모임을 하면서 '이 책의 배경이 되는 곳에 가보고 싶다'는 생각이 들었다. 꿈은 이루어진 다고 했던가……. 2016학년도 혁신학교를 시작하면서 적지 않은 예산 이 배부되어 꿈은 '자녀와 함께 떠나는 토요문학답사'라는 이름으로 이 루어질 수 있었다. 문학답사를 통해 종이 위에 누워 상상력을 자극하는 작품을 입체적으로 일으켜 세워 직접 보고 느끼며 그것과 함께 호흡하 는 신선한 경험과 바쁜 일상 속에서 자녀와 함께 하는 시간을 내어 도 란도란 이야기 나눌 수 있게 하고 싶었다.

이러한 목적을 가지고 학부모독서모임과 연계하여 2016년에 4회, 2017년에 3회의 토요문학답사를 운영하였다. 2016년 4월에는 미당 서 정주를 찾아서 고창문학답사와 청보리밭, 7월에는 소설 토지의 배경이 되는 하동문학답사와 쌍계사, 9월에는 청마유치환을 찾아서 통영문학답사와 한산섬, 그리고 이순신공원, 11월에는 벌교에 있는 조정래 태백산맥문학관과 순천만 갈대밭을 다녀왔다. 그리고 2017년 5월에는 윤동주를 찾아서 서울문학답사와 난타공연, 9월에는 권정생 동화나라를 찾아서 안동문학답사와 유교랜드, 12월에는 김제아리랑 문학관과 롤러존을 다녀왔다. 쭉 나열하다보니 아이들 그리고 학부모님들과 함께 했던 시간들이 파노라마처럼 펼쳐진다.

시인의 시를 외워서 낭송하기도 하고 등장인물의 집에 들어가 그의 숨결을 느껴보기도 하고, 이행시 혹은 삼행시 사행시를 지어 낭송하기도 하고, 아리랑문학관에서는 조상들의 숨결을 느끼며 함께 아리랑을 부르기도 했다. 그리고 그날의 미션이 들어가도록 가족사진을 찍어 시상하기도 했다. 특히 모두들 가장 좋아했던 것은 그 지역의 맛집을 찾아서 먹는 즐거운 점심식사 시간이었다라고 한다.

문학관과 아울러 다른 한 장소를 선택할 때는 놀이공원보다는 가족끼리 손을 잡고 거닐며 이야기할 수 있는 곳이나 함께 즐길 수 있는 곳을 선정했다. 이왕이면 가족사진이 잘 나올 수 있는 배경이 될 만한 곳이기도 했다. 일정이 빡빡하여 쫓기는 여행이기보다는 편안하고 여유로움을 즐길 수 있도록 신경을 쓰기도 했다. 그래서인지 회를 거듭할수록 아버지의 참여율은 높아지고 참여인원이 늘어나 차안은 더욱 풍성해졌다.

7회의 토요문학답사를 통해 예전에는 아이들을 데리고 나들이를 가려면 어디를 가야하나 막막했는데 이제는 여행하는 방법을 알았다고도 하신다. 한번 참여해보시는 학부모님들은 '자녀와 함께할 시간도 때가 있다'는 것을 아시고 다음 문학답사에 발 빠르게 신청하시는 모습을 보이기도 했다. 작년에 귀농하여 낯설고 어색하기만 했던 지사가족이었을 텐데, 문학답사를 통해 함께 먹거리를 준비하고 이야기를 나누면서 친해질 수 있는 시간이 되어 지금은 서로 '언니, 언니'하며 지내는 모습이 나를 미소짓게 한다.

이렇게 토요문학답사는 부모와 자녀간의 따뜻한 소통의 장이 마련되고, 읽기에 엄두가 나지 않았던 장편소설을 읽으며 역사의식을 높이는 계기가 되었다. 아이들의 웃는 얼굴은 가정의 행복에서부터 시작된다. 혁신학교가 아니어도 시골에서 바쁜 일상에 쫓기어 가족 간의 마음의 여유를 찾기 힘든 가족들에게 꼭 필요한 행사가 아닌가 싶다. 특히, 문학답사를 가족단위로 가기란 쉽지 않은 일이다. 아이들이 따라 나서지 않을 것이 뻔한 일이기 때문이다. 학교에서의 반강제성이 필요하다. 그러면서도 끝나고 나면 '참 오기 잘했다'라고 말할 수 있는 것이 문학답사라고 자신한다.

제3부

혁신학교 교사들의
위대한 도전과 열정

"덜한 것이 더 남는 것"이라는 경구(less is more)가 있다. 나는 이러한 경구를 패러디하여 "더 작은 것이 더 큰 것(smaller is bigger)"이라는 말을 작은 학교에 연결한다. 작은 학교가 반드시 좋은 학교가 아닌 것은 맞는 말이지만, 좋은 학교의 전제조건은 작은 학교이다. 즉, 작은 학교가 좋은 학교의 토대를 제공할 수 있다. 어째서 작은 학교는 큰 학교보다 좋은 학교일 수 있을까? 그 원인은 여러 가지지만, 우리는 작은 학교의 교사 변인에 주목할 필요가 있다. 작은 학교의 교사들은 대체로 큰 학교의 교사들보다 교육적 효능감과 만족감이 높다. 왜냐하면, 작은 학교의 교사들은 자신의 노력으로 학생과 학교가 변화하는 것을 온몸으로 체감할 수 있기 때문이다. 결국, 작은 학교에서 교사는 희망인 셈이다.

지사초는 2016년에 혁신학교로 지정되었지만, 깃발을 들고 학교혁신을 주도할 수 있는 스타 교사가 있는 곳은 아니었다. 그들은 평범한 교사들이었다. 이처럼 평범한 교사들로 구성된 지사초가 어떻게 혁신을 이뤄낼 수 있었을까? 그들은 '혁신'이라는 말에 특별한 의미를 부여하지 않는 사람들이다. 교사로서의 삶을 글로 풀어내고, 같이 모여서 그것을 이야기함으로써 서로를 알아 갈 수 있었다. 서로에 대한 이해가 깊어질수록 학교교육에 대한 공감대와 연대를 형성할 수 있었다. 제3부에서는 교사들의 이러한 협력적 성찰 과정을 보여줌과 동시에, 작은 학교가 어떠한 방식으로 전문공동체로 변모하는지를 재현한다.

강유신 교사는 5장에서 작은 학교에서 부진학생을 지도하는 일이 얼마나 지난한 과정이며, 교육적으로 어떠한 의미가 있는지를 보여주었다. 구홍모 교사는 6장에서 마을과 학교가 어떻게 연결될 수 있는지를 고민하면서, 지속가능한 농어촌 교육의 청사진을 솔직담백하게 이야기하였다. 김진선 교사는 7장에서 작은 학교 초임교사의 교육적 삶과 성장 과정을 진솔하게 표현하였으며, 이승민 교사는 8장에서 학교혁신의 의미와 가치를 되물었다. 하영화 교사는 9장에서 교사와 부모의 정체성과 역할, 소규모 혁신학교의 교육적 가능성과 의미를 이야기하였다. 박민봉 교사는 10장에서 혁신학교의 피로감과 한계를 냉철하게 지적하였고, 민동원 교사는 남자 교원으로서의 정체성과 역할을 이야기 하였다.

각 장을 살펴보면, 개인별로 이야기의 횟수와 분량 차이가 있다. 누구는 자주 그리고 많이 썼지만, 다른 누구는 그러하지 못했다. 흥미로운 점은 교직원들이 이러한 참여방식에 불만을 토로하지 않았다는 것이다. 왜냐하면, 글쓰기와 컨퍼런스에서 중요한 것은 글과 말의 빈도나 양이 아니라, 공감적 이해와 배려였기 때문이다.

제5장

한 혁신학교
교무부장 선생님의 자기 이야기

강유신
(지사초등학교 교무부장)

이야기 5-1.
문자지도는 콩나물 키우기

"하, 햐, 허, 혀, 호, 효, 후,……." 쓰는 순서도 전혀 맞지 않게 그림으로 정도령이라는 이름 석 자만 외워 온 정도령(가명)과의 아침 시간이다. 입학초기 적응활동이 끝난 3월 중순부터 행복한 아침독서 후 문자지도를 하고 있다. 기적의 한글학습이라는 5권짜리 학습지가 효과가 좋다는 말을 듣고 시작해서 오늘 2권을 끝냈다. 하지만 끝냈다는 뿌듯함보다는 슬픔과 의구심으로 마음이 어지럽다. 아직도 모음자 'ㅏ', 와 'ㅓ'도 구별 못하는 정도령을 보면서 내가 지금 하고 있는 일이 시간낭비는 아닌지, 내가 하고 있는 방법이 과연 좋은 건지, 빠르게 배울 수 있는 다른 방법이 있는데 내가 몰라서 이렇게 시간만 보내고 있는 것은 아닌지 하는 암담한 생각들로 마음이 어지러워지는 것이다.

그럴 땐 콩나물시루를 떠 올린다. 콩나물시루 속에 물을 주면 모두 빠져 나가지만, 빠져 나가는 물을 어느 틈에 빨아들였는지 자라 있는 콩나물. 그 콩나물이 정도령이기를, 그리고 내가 하고 있는 이 일이 콩나물 물 주기이기를 염원하며, 도령이가 한글 구조를 깨우치게 되는 순간이 찾아오리라 믿어 보는 것이다. 이렇게라도 생각해야 포기하고 무너지려는 마음을 다잡을 수 있기 때문이다.

그러면서 난 우리 집 아이들이 어떻게 한글을 떼었는지 떠올려 보았다. 이상하게도 난 가르친 일이 없는 것 같다. 첫째는 처음으로 사 준 아주 저렴한, 글밥이 별로 없는 창작동화를 몇 번 읽어주었던 경험이 있다. 그림 위주에 한 문장씩 있었고, 그 안에는 강조되어 있던 글자가 있었는데, 어느 순간 아이가 그 글자를 말했던 것이다. 낱말카드를 냉장고에 몇 번 붙였던 일도 떠오른다. 첫째라서 나름 신경 쓴 것이다. 둘째는 읽어 준 경험도 거의 없는 것 같다. 그런데 글자를 초등학교도 들어가기 전에 그냥 떼었다. 우리 아이들이 천재는 아니다. 지금의 상태를 보면 극히 평범한 아이다. 정도령도 평범한 아이이지만, 지금까지 한글을 접해볼 수 있는 환경이 부족했던 것이리라 본다.

오로지 학교에서 내가 해 주는 시간에만 한글을 접하는 도령이와 며칠 전부터는 낱말카드를 만들고 있다. 집에서라도 혹시 볼 수 있을까 해서 '가'부터 '타'까지 시작하는 낱말을 출력해서 알려준 후 도령이에게 그림을 그리라고 해서 묶어주었다. 오늘 그림이 없는 카드로 글자 맞추기를 했는데, 생각과 달리 잘 맞추었다. 갑자기 도령이가 예뻐 보이고 기분이 좋아졌다. 일희일비하지 말아야 하는데, 참 안 된다. 어제 데일카

네기와의 티타임 책에서 읽은 글귀 중 생떽쥐베리의 '만일 배를 만들고 싶다면 그들에게 저 넓고 끝없는 바다에 대한 동경심을 키워주어라!' 라는 말처럼, 도령이에게 한글을 배우고자 하는 열망을 가질 수 있게 하는 방법은 뭘까 고민해 본다.

이야기 5-2.
배움은 널뛰기가 아니라 계단

"미친 년 널뛰기한다고 하겠다." 도령이를 가르치면서 요즘 동생의 이 말이 자주 떠오른다. 이 말은 지사초 오기 전 여울초에서 난생 처음으로 1년 미술 전담을 하게 되어 기말고사를 치르면서 동생으로부터 들었던 잊지 못할 충격적인 말이다. 그 당시 여울초는 기말고사 땐 예체능도 함께 시험을 보았다. 1학기 기말고사 때 이곳에서 다 출제될 거라며 이론 정리를 한 시간 정도 해주고 요약지를 주면서 그 안에서 시험 문제를 다소 어렵게 냈다. 그 결과 미술과목이 평균 최하점이었고 평균을 깎아먹었다는 아이들의 원성을 사게 되었다. 중요도도 떨어지는 예체능 과목이 개인 평균을 깎고 반 평균을 깎아내렸다는 생각에 다른 선생님들 얼굴을 보기 미안했고, 드센 학부모들의 민원이 들어오진 않을까 마음이 편하지 않았다. 2학기 기말고사 시험문제는 내가 어떻게 냈겠는가? 반평균 90점 이상을 만들어 놓았다.

이 이야기를 동생이 듣고, "언니, 다른 사람들이 미친 년 널뛰기한다고 하겠다"라며 우스갯소리를 한 것이다. 그런데 그 말이 나의 행동이나 마음이 갈피를 못 잡고 이리저리 왔다 갔다 할 때마다 떠오르는 것이다. 이 주일 전 도령이가 발음구조를 터득한 것 같다는 생각이 든 날의 터져 나오는 기쁨과 '아니었구나!'하는 삼일 후의 좌절을 맛본 순간 또다시 떠올릴 수밖에 없었다. 과도하게 컸던 착각은 받침 ㄹ이 붙으면 혀를 천장에 붙이라고 알려준 후 '가'에 'ㄹ' 받침이 붙으면 어떻게 발음할까? 라며 물어보았는데 '갈'이라고 음성을 낸 것으로부터 시작된 것이다. 이어서 '하'까지 제대로 발음을 하기에 '이제 됐구나!'하며 희망이 솟는 것이었다.

다음 날 발음구조(음가) 위주로 '가'글자의 'ㄱ', 'ㅏ'를 '그-아' '그아' 점점 빠르게 발음해 준 후 어떻게 읽는지를 물어보는 훈련을 하였다. '히'글자 '흐이'까지 아주 잘 해나갔다. 만족스러웠다. 3일 정도 반복했으니 이 정도면 이제 내가 발음해주지 않아도 알겠지~하면서 '가'를 물어보자 도로아미타불이었다. 치솟았던 희망이 가라앉았다. 미친 년 널뛰기를 또 했구나 하면서, 다시 기적의 한글 교재를 펼쳤다. 한 번에 여러 층을 뛰어오르려 했던 나의 욕심이 도령이에 대한 실망감을 가져왔고, 다소 의욕을 꺾어버렸다. 사실 도령이는 어제와 같은 모습으로 조금씩 나아지고 있는데, 성급하게 앞서간 나의 마음에 따라오질 못한 도령이를 나도 모르게 학습부진아로 낮게 평가하고, 가르치는 나보다 열심히 하지 않는 도령이에게 서운한 마음이 들었고, 한 순간 아이에 대한 미움이 생겨났다.

배움은 널뛰기가 아니라 한 칸씩 올라가야만 하는 계단인 것 같다. 전혀 발전이 없는 것 같은 평평한 곳을 지나 갑자기 확 올라가는 층이 있는 계단. 한 번에 껑충 널뛰려는 욕심을 부리지 말고, 평평한 곳을 지나 한 칸 도약하고, 또 평평한 곳을 지나 한 칸 도약하다 보면 첫 출발선인 바닥이 까마득하게 보이는 순간이 올 것이다. 도령이와 글자공부를 시작한 첫 출발선인 바닥이 저기 아래 보인다. 내려가지만 않으면 된다. 제자리걸음인 것 같아도 계속 걸을 것이다.

이야기 5-3.
구구단 외울 때처럼 찾아온 희망

"카......드", '카'를 읽은 후 '드'를 읽기까지 시간이 걸린다. 그 사이 도령이의 눈은 위로 올라가며 입술이 보일락 말락 움직인다. 도령이의 머리에 한글의 자음과 모음이 만나는 음절표가 있는 것이다. 글자를 못 읽고 있을 경우, "타, 터, 토, 투..." 줄에 있다고 하면 읽어낸다. 저학년일수록 읽기보다는 귀로 들을 때 더 잘 받아들이기 때문에, 읽을 수 있더라도 교사가 책을 읽어준다거나 자신이 읽을 때도 소리 내어 읽는 것이 효과적이라고 들었던 것이 떠올랐다.

도령이가 소리로 먼저 배운다는 것을 보여주었다. 음절표도 그동안 내가 말해 준 순서에 의해 앵무새처럼 줄줄이 말할 수는 있지만, 한 글자만 따로 나오면 모르는 경우가 있는 것이다. 이것은 우리가 구구단을 처음 배울 때와 비슷한 것 같다. 예를 들어 2×6을 물어보면 2×1=2, 2×2=4, ⋯ , 2×6=12, 처음부터 순서대로 외워 2×6이 나오면 대답할 때처럼 말이다.

사실 여름방학을 마치고 오면 도령이가 받침이 없는 글자는 읽을 수 있으리라는 희망을 가지고 있었다. 두 살 터울인 도령이 형에게 음절 표를 주면서 매일 한 번씩 읽어보게 해주라고 당부를 했던 것이다. 그러나 여름방학을 마친 후 음절표를 읽어보게 하면서 다 잊어버리지 않은 것만으로도 감사해야 함을 알았다. 도령이의 방학은 더욱 새까매진 얼굴 속에 있었다. 도령이의 공부는 가정에선 전혀 기댈 곳이 없다는 것을, 입학 전 글자를 떼이웠던 도령이의 형마저 기대를 저버리면서 더딘 학생 지도의 어려움을 새삼 느꼈다. 실망 속에 시작한 글자공부는 며칠 할수록 희망이 솟았다. 제법 첫 눈에 아는 글자가 많아졌고 받침이 있는 글자도 받침이 없게 발음한 후 받침을 넣어서 발음하려고 노력하고 있다. 이제 글밥이 많지 않은 동화책을 반복해서 읽어주고 읽게 하면서 자연스럽게 문장 속에서 글자를 익히면 될 것 같다. 여러 번 읽다보면 자음과 모음 음운의 합성원리를 터득하게 될 것이다.

자신이 쓸 수 있는 글자는 안 보고 쓸 수 있다며 큰 소리로 적극 나서거나, 칠판에 쓰인 글을 따라 쓰는 속도가 빨라진 것이며, 낱말카드 읽기하자고 먼저 말 할 때가 있는 것을 볼 때, 배움을 싫어하는 아이는 없다는 것을 느낀다. 특히, 자신이 아는 것을 말하고자 하는 자기표현의 욕구는 그 누구보다 강하며, 그 표현을 통해 자신감을 가지는 도령이를 보면서 다시 한 번 지도의 중요성을 되새겨본다.

이야기 5-4.

초등학교 도서관에도 영유아용 도서가 있어야 한다

일기는커녕 편지글도 쓰지 않던 내가 한 달에 한 번씩 나의 이야기를 쓰고 있다. 우리 학교 교사들의 이야기를 엮어 한 권의 책으로 내 보자는 야심찬 생각에 시작한 셀프 스터디(self-study) 연수는 교사들의 개인적 이야기를 통해 학교의 문화를 담아보자는 자문화기술지 방법을 활용한 글쓰기이다.

한글 미해득자인 도령이가 한글을 깨우쳐가는 과정을 전문적으로 써 가려는 처음 의도와는 달리, 교직 생활 통틀어 처음 맡아본 1학년에 한글을 모르는 아이를 처음 만난 나로서는 비교해볼 데이터도 없고, 이것저것 자료를 찾아 연구할 여유도 없이 비전문가로서 그저 다양한 시도를 해 볼 뿐이었다. "다른 사람이 선생님 이야기를 읽으면, 도령이 글자 지도로 일 년 내내 피똥을 싸고 있다고 하겠어요"라는 이동성 교수님의 말씀을 듣고, 한글 문자지도를 지금까지도 하고 있는 것이 잘못된 것은 아닐까하는 부끄러움이 찾아들었다. 더 빠른 시일에 문자 지도가 끝났어야 하는데 나의 미숙함으로 더디 가는 것은 아닌지 도령이에게 미안한 마음도 들었다. 하지만 모든 사람에게 똑같은 능력이 있는 것도 아니고, 똑같이 적용되는 방법이 있는 것도 아니겠고, 자책으로 나의 마음을 갉아먹는 것보다는 긍정적인 생각을 찾아 마음의 평온이라도 얻어야겠다고 마음을 다잡았다.

도령이는 기본음절표에 있는 글자는 순서대로 잘 알고 있으며 완벽하지는 않지만 읽고 쓸 수 있다. 하지만 아직도 글을 읽을 때 알고 있는 글자도 읽으려고 하지 않고 그림이나 상황에 의지해 아무렇게나 말한다. 왜냐하면 저번에 말했듯이 기본음절표에 의해 글자의 위치를 생각해 내 말해야 해서 시간이 걸리고 머리를 써야 하기 때문에 단순히 그림같은 것을 보고 생각 없이 바로 말하는 것이다. 지금은 시간이 걸리지만 지난번에 비해 걸리는 시간이 짧아지는 글자도 있으니 언젠가는 술술 읽게 될 것이다. 다만, 그 날이 빨리 오면 좋겠다.

요즘은 따로 글자 공부를 하지 않고 국어시간에 글을 읽고 내용을 파악해서 쓸 때 도령이의 발표내용을 한 글자씩 써 보게 하고 있다. 받침이 있는 글자는 받침이 일단 없게 쓴 후 무슨 받침을 써야할지 생각해보게 하면서 쓰게 한다. 내가 칠판에 써 준 후 베껴 쓰게 하는 것보다는 시간이 다소 더 걸리지만 글자의 조합 원리를 생각해보게끔 하는 것에 많은 도움이 될 것 같다.

도령이는 홀소리, 닿소리를 생각하면서 천천히 또박또박 쓰기 때문에 글자를 반듯하게 잘 쓴다. 그리고 쓰는 속도도 빨라졌다. 도령이는 읽기, 쓰기가 동시에 진행되고 있다. 놀이를 통해 글자의 모양(이미지)으로 기억하는 영유아 시기를 지난 도령이에게 글자를 보고 자음과 모음의 소리를 합성해 읽는 원리를 깨우쳐주고 싶어 자음과 모음에 해당하는 소리를 처음 배울 때 지속적으로 발음을 해 주었고, 동시에 써 보게도 하였다. 한글은 표음문자로 글자와 소리가 1:1 대응하므로 자음, 모음을 각각 익혀 낱글자 학습을 할 수 있어야 익숙한 글자가 아닌 처음 본 글자도 읽고 쓸 수 있기 때문이다.

내가 도령이를 지도하면서 아쉬웠던 점은 도서관에 유아용 책이 있었다면 하는 점이다. 글자밥이 작은 책을 반복해서 읽어주면 책 읽어주는 소리와 글자를 연결하면서 많이 본 글자를 하나씩 더 빨리 읽어나가지 않을까 하는 생각이 들어서이다. 다문화가정이 늘어가는 농어촌지역 소규모 학교에는 앞으로도 한글을 깨치지 않고 오는 아이가 대부분이니 글자밥이 적은 영유아용 그림책을 학교 도서관마다 한 쪽 코너에 비치해놓는 것이 한 아이도 포기하지 않는 교육이 아닐까 생각해본다.

이야기 5-5.
싸리꽃같은 교직원 독서모임(의사소통의 꽃)

"우리 학교는 한 달에 한 번 교직원 독서모임을 해.""뭐? 너네 학교 힘 들겠다.""야, 열심이다." 교직원 독서모임을 한다고 하면 위의 두 반응 중 하나다. 다른 사람들의 반응과 같이 독서모임에 대한 생각을 가지고 했다면 지난해에 이어 지금까지 이어지지 않았을 것이다. 학부모 독서모임을 추진하시고 계시는 교감선생님의 제의로 선뜻 우리 교직원들도 하면 좋겠다는 단순한 생각으로 시작한 것이 지사랑 교직원 독서모임이다. 부담감을 안고 시작했다면, 뭔가 그럴듯한 것을 해야만 한다는 고민을 해야 했다면, 벌써 중단되었을 것이다.

우리 지사랑 독서모임은 책을 읽지 않아도 편안하게 올 수 있는 곳이다. 그냥 정해진 시간에 와서 수다를 떨다 가면 되는 것이다. 다만 수다가 책 소감에서 시작되어 뻗어간다는 것이 이야깃거리의 무궁무진함과 주제에 대한 방향성을 준다. 30분 정도만 이야기 나눠야지 하는 생각에 매 번 모여도 퇴근 시간을 넘기는 것이 다반사다. 난 이 독서모임에서 다른 선생님의 부모님 이야기를 들었고, 자녀 교육법을 들었으며, 어릴 적 이야기와 추억을 들었고, 눈물 많은 감수성을 알게 되었다. 거창한 독서 감상평을 말해야 한다는 생각을 버리면, 그리고 무언가 얻어갈 만한 정보에 집착하지만 않는다면 독서모임을 지속할 수 있다. 그냥 한 달에 한 권씩 그 달의 책을 들고 와서 내 이야기를 하거나 다른 사람의 이야기를 들으면서 의사소통의 시간을 나눈다고 생각하면 된다.

우리에게 단순한 수다가 아닌 의사소통은 사회적 관계 기술인 동시에 마음의 치료제라고 생각한다. 나의 말을 상대방이 진정으로 들어주줄 때 내 존재감을 확인시켜주는 느낌을 받는다. 내가 말도 되지 않는 소감을 말한다거나 중요하지도 않은 단순한 내 생각을 말하는 데도 고개를 끄덕여준다거나 나를 바라봐주는 눈길이 좋아 말을 하게 된다. 그 순간은 내가 중요한 사람이라는 느낌을 받는다. 그런 느낌을 주는 우리 독서모임회원들이 참 좋다. 나도 그들에게 온몸으로 당신의 생각을 들어주고 있다는 느낌을 주고 싶다. 그리고 우리 독서모임이 좋은 이유는 한 달에 한 권씩 내 책꽂이에 책이 늘어간다는 것이다. 평소의 나라면 사지 않았거나 읽지 않았을 책들을 접할 수 있는 것도 매력이다. 무슨 모임이든지 장미같은 강렬함보다는 싸리꽃같은 은은함이 오래 가는 것 같다. 우리 모두 장미일 필요는 없다. 장미를 돋보이게 해 주는 싸리꽃같은 수수한 배경이 되어보는 것은 어떨까?

이야기 5-6.
백화점식 교육을 부르는 북유럽 교육열풍

일학년 두 해째, 한글 미해득 아이를 만난 것도 두 해째. 올해는 한글 미해득 아이가 전체 세 명 중 두 명으로 50%를 훨씬 넘는다. 조기 한글교육이 아이를 망칠 수 있다는 견해와 아이들이 받는 스트레스가 뇌세포를 죽일 수 있다는 견해에 따라 유아교육에서 한글을 지도하지 말라는 교육방침은 참 좋은 것 같다. 하지만 이것은 한글을 아예 지도하지 말라는 말로 해석해서는 안 된다고 본다. 아이들의 뇌는 언어천재라고 들었다. 일찍부터 음소를 명확하게 구별할 수 있을 뿐 아니라, 특별한 이상이 없으면 거의 모든 아이들이 모국어를 습득할 수 있는 것이다. 아이들은 언어에 노출만 되면, 자연스럽게 말은 하게 되어 있다. 하지만 우리 뇌는 말과 다르게 글을 자연스럽게 읽도록 창조되지 않았으며, 스티븐 핑커의 말처럼 '고생스럽게 배워서 추가 조립해야 하는 것'이다.

현재 읽고 있는 『꼴찌도 행복한 교실』(박성숙 지음)에서 독일은 6세

이전에 글을 배우는 것을 법적으로 금지시켰다고 하며, 선행학습은 교사를 무시하는 행위이며 다른 친구들의 학습권을 뺏어가는 것으로 여긴다고 한다. 또한, 우등생을 위한 학원은 없고 낙제할 가능성이 있는 아이들을 위한 보충학원만 있다는 것이다. 이것은 소수의 영재보다 다수의 보통 아이들을 위해 학교교육이 존재하며, 우리나라처럼 잘하는 아이에 맞춰 진도를 나가는 것이 아니라, 보통 이하의 아이를 보통 수준으로 끌어올리는 것에 초점을 맞추어 교육한다고 한다. 읽다 보면, 참 좋고, 부럽고, 맞는 이야기라 우리나라도 이렇게 바뀌었으면 하는 생각이 든다. 하지만 이는 그 나라 국민들의 오랜 정서와 교육환경이 연결되어 있기에, 좋다고 하여 우리나라에서 성급하게 도입하면 안 될 것 같다. 이런 나라의 교육정책에서 자극받아 유치원에서 한글교육을 하지 말라고 한 것은 아닌지 생각이 든다. 그런데 이러한 교육방식은 주입식으로 쓰기 교육을 가르치지 말라는 의미 같다. 한글을 놀이와 연결을 짓고, 반복적인 노출에 의해 자연스럽게 한글에 관심을 가지고 소리 값을 연결시켜 읽을 수 있게 하는 것이 좋다고 생각한다. 주변에서 한글을 뗀 아이들을 보면, 따로 공부시킨 것보다는 동화책을 계속 읽어주면서 이야기를 나누었다고 한다.

나도 되도록 쉬운 동화책을 읽어주려고 노력하는데, 교과 진도와 시간 부족, 그리고 조급함에 의해 매일 읽어주는 것이 쉽진 않다. 다행히 올해부터 적용되는 2015개정교육과정에 의해 한글교육이 강화되어 국어교과에 한글지도 단원이 5단원 정도 배치되어 있고, 작년에 비해 두 배 이상 수업시간이 늘어나 숨을 쉴 만하다. 하지만 가정에서 한글 노출이 쉽지 않은 농어촌의 현실을 고려해 볼 때, 우리나라 초등 1학년 교육과정은 뭔가 문제가 있는 것 같다. 지난해 도령이는 한글 이외 다른 쪽도 잘 해서 몰랐는데, 올해 두 아이는 수 개념도 전혀 형성이 되어 있지 않을 뿐 아니라, 공간 지각력도 부족하여 수나 자음의 거울 반사가 있다. 수학을 지도할 때 글을 모를 뿐 아니라, 그림도 이해하지 못하는 아이들에게 수학 교과서를 시도하는 데에도 어려움이 따르고 있어 도시와 농어촌 아이들의 사전 배경지식의 격차를 무시한 공통 교육과정에 대해 많은 생각이 든다.

한글을 전혀 모르고 초등학교 올라오면, 1학년 1학기 동안에는 한글 공부로만 교육과정을 짜고, 2학기부터 본격적인 교과 학습을 할 수 있도록 해야 할 것 같다. 또한, 1학년 교사에게는 학년 초에 집중적인 한글지도법과 찬찬한글과 같은 자료 제공 등을 하면 좋겠다. 그리고 1학년 교사에 대한 지속적인 지원과 교육과정에 대한 자율권을 주어 교과 지도의 부담감을 덜어주었으면 한다. 스웨덴, 덴마크 등 많은 북유럽국가나 독일의 교육에 관심을 많이 갖고 벤치마킹하려는 교육계의 시도들은 무척 고무적이다. 그러나 도시와 농어촌의 선행학습의 차이, 입시제도, 국민들을 지배하고 있는 의식 등을 고려하지 않은 섣부른 교육정책은 백화점식 교육을 가져올 것 같아 걱정이 되기도 한다.

이야기 5-7.
근육수축 없는 열린 학교

요즘 수면 중에 종아리에 쥐가 나 잠을 깰 때가 있다. 잠을 자다가 몸의 위치를 바꾼다거나 하면서 다리 부분에 갑자기 힘이 들어갔을 때 근육이 수축되면서 혈관이 끊어지는 듯한 극심한 고통을 느낀다. 이 순간에 내가 할 수 있는 것은 고통의 밑바닥을 철저히 느낀 후 빨리 풀려나기만을 바라는 것뿐이다. 수면 중에 쥐가 나는 원인은 특별한 질병이 없는 한 혈류 저하로 인해서라고 한다. 운동 부족과 노화로 근육양이 줄어들면서 하체의 혈류도 감소하고, 영양소 공급도 잘 이뤄지지 않아 근육에 피로가 쌓이면서 혈액 순환이 더 나빠져 수면 중에 쥐가 나는 빈도가 높아진다고 한다. '혈액의 흐름이 막히면서 혈관이 또 하나 죽어가고 있나 보다'라는 생각이 든다. 이와 함께 쥐가 난 다리를 붙잡고 있다가 갑자기, 이 근육수축이 우리 생활 속에서의 정체로 인한 변화의 요구가 아닐까 하는 생각이 들었다. 아무리 좋은 것도 흐름이 없는 유지는 매너리

즘에 빠지게 되고, 결국 이러한 매너리즘은 독창성과 신선함을 잃게 하여 썩어가는 공간을 만드는 것 같다.

교원인사 정책에서 한 학교에 5년이라는 근속 기간을 둔 것도 새로운 구성원에 의한 변화의 흐름을 위한 면도 있지 않을까 생각해본다. 현재 지사초의 구성원들과 교육과정이 좋지만, 학교가 익숙함과 안일함에 빠져 있어서는 곤란하다. 우리 학교가 한 자리에 오래 머물러 쥐가 나고 있는 것은 아닌지 되돌아 보아야겠다. 이러한 측면에서 1학기 교원 교육과정 워크숍은 의미 있는 자리였다. 워크숍에서는 관행처럼 해오던 현장체험학습의 폐단, 학생들의 성취감과 자부심을 위한 한자검정 시험의 문제점을 지적하고, 변화의 방향을 모색하였다.

작년부터 정말 좋다고 생각한 지사장터도 지사상품권에서 칭찬통장으로 변화를 주자 일의 경감과 함께 번거로웠던 문제점들이 많이 해결되었다. 나는 칭찬통장이라는 생각을 떠올리고, 기존의 방식을 바로 바꾼 우리 학교 사람들의 집단지성을 좋아한다. 학생들의 학력 저하를 고민하여 과감히 체험학습을 줄이고, 기초 및 기본 학습에 치중하자는 변화의 물길도 좋아 보인다. 그리고 학기별로 실시하던 한자검정 시험의 횟수를 학년말 1회로 줄여보자는 생각의 변화도 좋다. 아무리 좋은 것도 머물러 있으면 성질을 잃어버려 썩듯이, 새로운 것을 받아들이고, 좋았던 것도 계속 품고 있지 말고 끊임없이 흘려버리는 열린 학교를 지속적으로 만들어갔으면 좋겠다.

이야기 5-8.

우리는 피로사회 속에서 살고 있다

'시대마다 그 시대에 고유한 주요 질병이 있다'로 시작하는 한병철의 『피로사회』를 읽고, 현 시대에 살고 있는 현대인의 정신질환(만성피로 등) 급증 원인을 찾았다는 생각이 들었다. 나아가 내가 벗어나려고 애쓰고 있는 정신적 고통이 이것 때문일지도 모른다는 생각도 들었다.

21세기는 박테리아적이지도 바이러스적이지도 않으며, 오히려 신경증적이라고 할 수 있다고 한다. 타자의 부정성(이질성)을 물리치는 것을 목표로 하는 면역학적 기술로는 결코 다스려지지 않는 "긍정성의 과잉"에서 비롯된 병리적 상태라는 것이다. 우리가 좋은 기질로 알고 있는 '긍정성이 폭력을 가져오는 것이다'는 생각이 놀라웠다. 보드리야르는 적대성(부정)을 전제하지 않는 긍정을 현존하는 시스템의 비만 상태라고 했다. 이것은 현대인의 풍요의 병인 영양 과다섭취에 따른 각종 질병에도 적용될 것 같다. 음식물의 포화로 소화 장기를 무자비하고 끊임없이 과잉 착취함으로써 거부반응을 가져오거나, 장기의 기능 및 호르몬을 고갈시키는 것이다.

이러한 사회현상은 규율사회에서 성과사회로 변모해 감을 의미한다. 또한, 이러한 현상은 우리가 복종적 주체가 아니라, 성과주체로 불리며 자기 자신을 경영하는 역설적 자유(자유로운 강제)에서 기인한 것이라고 한다. 성과사회에 등장한 무한정한 능력 '할 수 있음'을 대표하는 문구 "Yes, We can!"이 우울증 환자와 낙오자를 만들어낸 것이다. 우울증은 성과주체가 더 이상 할 수 없을 때 발발한다는 말이 가슴에 와 닿았다. 성과주체는 자기 자신과 전쟁 상태에 있으며, 우울증 환자는 이러한 내면화된 전쟁에서 부상을 입은 군인이라는 것이다.

인간은 성과사회에서 노동하는 동물로서(성과기계) 자기 자신을 착취하고 있는 것이다. 내가 성과주체라는 자유롭다는 느낌으로 타자의 강요 없이 자발적으로 더 효율적으로 자기 자신을 착취하고 있는 것이다. 나는 가해자인 동시에 피해자인 것이다. 전반적인 가속화와 활동과잉의 사회 흐름 속에서 부정하는 법을 잊어버리고 사색적 능력도 사라져가는 것이다. 심심한 것에 대해 거의 참을성이 없는 까닭에 창조적 과정을 가져오는 깊은 심심함도 허용하지 못하는 것이다. 이것은 세상에 대해 귀 기울여 듣는 재능을 빼앗아가고 있는 것이다.

지금의 학생들이 생각 없이 살고 있다고 여겨지는 까닭은 깊은 사색적 주의를 기울일 수 있는 능력을 상실해서라고 생각한다. 우리 아이들은 빠르게 변화하는 성과사회에서 의문을 품고, 분노하는 법도 잃어버린 채 자신의 내면을 성찰할 여유도 없이 살고 있다. 결국, 아이들을 포함한 우리는 끊임없는 활동의 과잉으로 나 자신을 착취하다 고갈되어 정신질환을 앓게 되는 것이다.

우리나라의 교육에서도 자살하는 학생을 만들어 내고 있는 것이 교육의 성과 과잉에서 비롯된 것은 아닐까? 학생의 자살은 오로지 성과주체인 학생만의 실패 책임으로 만들고 있는 현 사회의 병리적 현상 때문이 아닐까 생각해 본다. 성적비관으로 자살하는 학생들이 날라리인 경우는 없지 않은가? 우리 아이들은 현 교육제도에 의문도 없이 무한한 긍정 속에서 능력 부족을 깨닫고 파괴적 자책과 자학으로 자신을 파괴해버리는 것이 아닐까? 그래서 이제는 아이들에게 보는 것, 생각하는 것, 말하고 쓰는 것을 제대로 가르쳐야 할 때라고 생각한다. 나 스스로를 오래 그리고 천천히 바라볼 수 있는 능력, 부정할 수 있는 힘(짜증과 신경질이 아닌 현재에 대해 총체적인 의문을 제기할 수 있는 분노)과 돌이켜 생각하기를 해 보는 교육과정, 말하고 쓰는 것을 제대로 배울 수 있는 교육과정이 만들어지면 좋겠다. 성과기계가 아닌 진정한 창조적 삶의 주체로서 내가 하고 싶은 것을 맘껏 할 수 있는 학생들이 더욱 많아지기를 바란다.

이야기 5-9.

사람은 관계를 만들고, 관계는 사람을 만든다

사람은 관계를 만든다. 관계는 마치 거미줄(spider web) 같다. 끈적이지 않는 방사실(세로줄)이 있고, 끈적끈적한 나선실(가로선)이 있다. 사람 간의 관계도 방사실처럼 아무 느낌 없이 그냥 이동하는 만남이 있는가 하면, 끈끈함이 있어 목표(먹이)를 공유하며 안전함을 추구하는 나선실과 같은 만남도 있다. 나는 지사초등학교에서 나선실로 된 거미줄 망(관계망)을 갖게 되었다. 모든 자기 계발서에서 빠지지 않고 등장하는 성공과 행복의 조건이 사람 간의 따뜻하고 기분 좋은 관계 형성이다.

관계의 중요성은 알고 있었지만, 오랜 교직생활에서 관계로 인해 진정한 행복을 느끼는 경험은 지사초가 처음이다. 무슨 일을 하더라도 힘이 들지 않고, 내 머릿속에서 복잡하게 이뤄지던 일도 쉽게 해결이 되는 것은 바로 서로가 배려를 하기 때문이다. 이제는 학교의 큰 행사도 그다지 두렵지 않고, 밖에서 보면 학교 일을 안 하고 있는 듯해도, 어느새 조용히 진행이 되어 막상 당일에는 모두가 함께 뛸 것이라는 신뢰가 있어 학교생활이 편안하다. 간혹 너무 천하태평일 때도 있어 막판에 정신이 없어지기도 하지만 말이다.

나는 지사초에 근무하면서 조직 안에 열정적이거나 유머를 주는 사람이 얼마나 큰 힘이 되는지를 알게 되었다. 학교폭력자치위원회를 열어야 해서 밤새 이런저런 생각에 걱정스런 마음으로 출근했을 때, 교감선생님의 커다란 웃음과 함께 하는 말("내 교직 경력 중에 언제 이런 것 해보겠어. 경험도 되고 얼마나 좋아")이 나에게 큰 힘이 되었다. 내 걱정을 한 번에 날려버리고, 가시처럼 뾰족하게 솟은 마음을 사르르 녹이는 근사한 말이었다. 커다란 사고나 좋지 않은 사건도 '별 것 아니다'는 생각에 여유를 찾을 수 있다는 점이 놀라웠다. 덩달아 우리 교장선생님도 많이 여유로워지신 것 같고, 우리를 많이 신뢰해주고 있음을 부쩍 느낀다. 그래서 그런지 신뢰를 깨뜨리고 싶지 않은 마음이 들고, 실수를 하면 부끄러워진다. 하지만 아이러니하게도 실수해도 가볍게 넘어가주고 모른 척해주며 급박하게 말을 해도 얼굴 한 번 찌푸리지 않고 들어주는 편안함을 알기에 실수가 잦아지는 것 같기도 하다.(이런 말은 하는 것이 아닌가? 압박이 들어올 수도……)

아무튼, 부드러운 카리스마의 교장선생님, 교사같지 않은 외모에 관계의 여왕인 교감선생님, 천만볼트 에너자이저 하영화 샘, 유머 짱이며 똑 부러지고, 대화의 고향같은 민봉 샘, 똑똑하면서도 허점이 있고, 매력적인 매의 눈과 잘 굴러가는 뇌의 소유자 승민 샘, 그냥 좋은 그리고 스마트한 진국 동원 샘, 차갑게 쳐낼 것 같은데 은근 챙겨주고 알뜰 살펴주는 매력남 홍모 샘, 알아서 막내 역할을 거침없이 해내는 예스 걸 진선 샘, 아기자기 천상여자 그래서 같은 여자가 봐도 사랑스럽고 가끔 질투도 나는 수미 샘, "제가 월급타면 호두파이 사 줄게요"라며 무엇이든지 주려고 하며, 배우는 자세가 남다른 유정 샘, 때론 '차도남'처럼 굴지만 일처리에선 거절을 모르시며 따뜻하게 대해주시는 실장님, 모두가 관계의 나선실입니다. 우리 행복한 지사교육을 위해 튼튼한 거미줄(행복한 관계) 만들어 갔으면 합니다.

제6장

학교와 마을이 함께 하는 마을학교 만들기

구홍모
(지사초등학교 방과후부장)

이야기 6-1.

변해왔던 나, 전진하고 싶은 나

학교가 먼저인가? 마을과 지역이 먼저인가? 한 때 내가 가졌던 고민이다. 여기에 대한 대답은 사람들 마다 달랐다. 학교활성화가 먼저 되어야 마을과 지역이 살아날 수 있다고 보는 입장도 있었고, 마을과 지역이 활성화(경제 및 복지적 수요 충족이 선행 조건)가 되면 자연스럽게 인구 유입으로 인하여 학교가 활성화된다고 보는 입장도 있었다. 교육이라는 분야에 들어서게 되었던 초기에 나의 입장은 전자였다. 하지만 지금은 어느 것이 더 중요하다고 생각하지 않는다. 오히려 그것들을 이루어 가기 위해 뜻을 가지고 행동으로 옮길 수 있는 사람과 이 사람들을 조화롭게 아우를 수 있는 단체가 더 중요하다고 생각한다. 필자의 생각에 대한 이해를 높이기 위해 지나 온 개인사를 먼저 설명하도록 하겠다.

2005년 전주교대에 입학하고 1학기가 지날 때 쯤 교육에 대한 필자의 생각이 많이 바뀌었고(교대에 들어오기 전 단 한 번도 교사에 대한 생각을 해 본적도 없었고, 아이들을 썩 좋아하지 않았었다.) 그 무렵 지금까지 같이 하는 좋은 사람들을 만났다. 사람을 좋아하던 나에게는 그들과 대화하면서 생각을 나누는 것이 행복했었고 충분히 보람되고 아름다운 미래를 준비할 수 있을 것 같은 느낌이었다. 그래서 '청○○'(푸른색 단비가 되어 교육이라는 숲을 적셔주는 모임)을 조직하게 되었고 다양한 문화적 소양을 쌓고 교육적 성찰을 위해 노력했었다. 그 후 그들과 전교조 생활을 열심히 했으며 '임△△'(임실을 사랑하는 사람들의 모임)를 구성하였다. 이 부분에서 왜 하필 임실이냐라고 물어보는 사람들이 많았었다. 그 당시 우리들은 사회생활 및 새로운 가정생활을 준비하던 시점이었다. 그 때 우리가 고민하던 핵심은 같이 모여살자, 그리고 그 지역에서 교사로서의 역할을 충실히 하자, 내 자식의 교육도 그 지역에서 시키자였다. 여러 시군을 조사하면서 당시 일제고사 부정 비리, 학업중단율 상위권, 다문화가정 비율 및 노인인구 비율 상위권, 인구 3만, 민선 군수가 계속 비리에 휘말려 자리를 지키지 못하고, 관내 실제 거주 교사 비율 4%밖에 안 되는 조그마한 곳인 임실이 눈에 띄었다. 아무런 연고도 없고 새롭게 시작하기에는 적당한 곳이었다.(조금은 건방진 생각이지만 이러한 열악한 환경을 가진 곳에서조차 아무 것도 할 수 없다면 우리는 아무것도 아니다라는 생각을 했었음) '교육문화연구회 도□□□'이라는 모임도 만들어 매 주마다 회의를 하며 임실 생활을 위해 노력했었고 하나 둘씩 임실로 전보를 써서 넘어오기 시작하였다. 그 이후 모여 살기 위해서는 공간이 필요함을 느껴 ☆☆교육문화마을 조성을 계획하였고, 친환경 재료를 사용하여 건강한 공간을 조성하는 생태건축을 접목하게 되었다. 그리고 현재에 이르러 '사단법인 농촌문화연구소 도ㅁㅁㅁ', '◇◇◇◇연구센터', '도ㅁ공간' 등 법인 및 사업자를 가지고 활동하고 있다. 그리고 ☆☆교육문화마을은 현재까지 11가구(학부모 4가구, 교사 7가구)가 조성 중이고 그 외 마을 도서관, 마을 공방, 마을 농장, 마을 작은목욕탕 등을 건립했거나 예정 중이다.

다시 돌아가 필자는 초기에 학교활성화가 마을과 지역의 활성화를 가져 온다고 보는 입장이었다고 했다. 이유는 내가 교사로서의 길을 걸어가고 있었기 때문이었다. 그 때는 오직 교육밖에 생각하지 못했기 때문에 학교를 활성화하여 학생 수를 늘리고 젊은 귀농•귀촌자들을 유입하면 자연스럽게 마을과 지역이 활성화 된다고 보았다. 그러나 지역을 선택하고 모여 살기 위하여 마을을 조성하다 보니 학교만 활성화 된다고 해서 마을이나 지역이 생각만큼 발전 되지 않는다는 것을 알게 되었다. 또한 우리 같은 교사들의 힘만으로 지역과 마을을 먼저 활성화 시키는 것은 더더욱 어렵다는 것을 몸소 체험하였다. 우리들은 소프트웨어의 한 부분이었을 뿐이었다. 더 많은 소프트웨어와 그것과 조화를 이루는 하드웨어가 있어야만 우리가 생각한 것을 이룰 수 있다는 것을 깨닫게 되었다. 초기에 우리의 모임은 교사들만 존재하다보니 협소한 생각과 한정된 행동만 했던 것 같다. 그래서 위에서 언급한 법인 및 사업자를 만들어 다양한 사람들을 영입하여 자문을 듣기도 하고 우리가 할 수 없는 하드웨어를 해결할 방법을 모색하게 된 것이다. 우리의 최종 모임인 '사단법인 농촌문화연구소 도□□□'은 3개의 분과(교육분과-지역인재양성을 목적으로 현재 도서관과 공부방 운영 예정, 문화분과-농촌문화활성화를 목적으로 현재 걷기·자전거 코스 개발 및 덖음 꽃차교육 그리고 장승과 솟대교육 운영, 지역분과-농촌 고유가치의 유지 및 개발을 목적으로 공동체마을 조성 및 생태건축과 자연환경교육센터 운영)로 되어있고 교육(학교), 마을, 지역을 통틀어 발전시키기 위한 단체이다.

이처럼 수 없는 고민과 체험 속에서 도달한 결과, 결국 학교가 먼저냐 마을과 지역이 먼저냐가 중요한 것이 아니라 모든 것을 더불어 활성화시킬 수 있는 큰 틀, 나와 같은 생각을 가지고 뜻을 펼쳐 나갈 수 동지, 즉 사람과 단체가 중요하다고 생각된다. 아직 나 그리고 우리의 뜻이 완벽하게 설계 되고 조성된 것은 아니다. 또한, 그 과정이 많이 힘에 부치고 목표에 도달하기까지 수많은 걸림돌이 있으리라는 것도 안다. 하지만 나 혼자가 아닌 뜻을 같이하는 동지와 단체가 존재하기에 더디더라도 조금씩 전진해 나갈 것이고 훗날 내 삶을 살아가는 원동력이었으며 행복한 추억으로 기억되기를 바랄 뿐이다.

이야기 6-2.

'방과후학교'는 학교 밖으로

현재 각 학교마다 운영되고 있는 '방과후학교(돌봄 포함)'는 1995년 '방과후'라는 말이 도입되고 2006년 본격적으로 '방과후학교'로 통합되어 전면 시행되었다. '방과후(학교에서 그날의 정해진 과업이나 과제를 끝낸 뒤)학교', 누가 만들어낸 말인지는 모르겠지만 이 단어로 인하여 수많은 교원들이 고생했었고 앞으로도 학교의 업무로 남아있는 한 그 고통이 사라지지 않으리라 생각된다. 나는 방과후학교라는 말 자체가 학교라는 공간에서 잘못 쓰여지고 있다고 생각한다. 방과후는 학교에서 학생들이 모든 수업을 마치고 하교한 이후 시간을 말하는 것이지 수업을 마치고 학교에 남아 있는 시간을 의미하는 것이 아니라고 생각한다. 그러나 교육부에서는 법으로 강제하여 학교라는 공간에 방과후학교라는 또 다른 형식의 학교를 집어넣고 학교 내에서 이루어지기 때문에 교원들에게 업무를 강요하며 운영을 요구하고 있다. 도대체 이런 말도 안 되는 일이 왜 학교에서 이루어지고 있을까? 그리고 아이들의 방과후 활동에 대해 학교말고는 답이 없을까? 이러한 의문점에 대해 본인의 생각을 적어보고자 한다.

먼저, 수업이 끝난 뒤의 학교를 왜 교원들이 운영하고 있을까? 그 이유는 간단하다. 전국에 공적으로 사용할 수 있는 가장 많은 공간이 학교이기 때문이다. 그리고 교원들은 말을 잘 듣기 때문이다. 맞벌이부부가 늘어나고 주 5일제 시행을 앞에 둔 상황에서 아이들의 돌봄 문제가 수면 위로 떠올랐을 때 정부에서 손쉽게 그 문제를 해결하며 정치적으로 이용하기 편했던 곳이 학교였던 것이다. 또 그 당시 학교는 상당히 보수적이고 관료적이었기 때문에 공문만 하나 내려보내면 교육청에서부터 관리자들이 어떻게든 맡아서 운영하려고 했을 것이다. 그로 인해 업무담당자들만 힘들어졌고 슬슬 방과후업무를 기피하며 초임에게 떠넘기게 되자 방과후담당에게 부장점수를 주게끔 공문까지 내려왔던 것이다(밤 10시까지 돌봄교실을 운영하겠다던 어떤 사람의 공약이 생각난다. 누구를 탓하랴 나도 교사인 것을).

다음으로 학교말고는 현재 아이들의 방과후 활동을 위한 다른 운영방법은 없는가? 존재한다. 일단 여성가족부에서 운영하고 있는 청소년방과후아카데미가 있다. 그리고 보건복지부에서 운영하고 있는 지역아동센터, 지역복지센터가 있다. 몇 년 전부터 교육부, 보건복지부, 여성가족부가 각각 따로 운영하고 있는 방과후 활동 기관들을 중복된 예산의 지급과 사용문제로 통합 운영하려는 움직임이 보이고 있다. 사실 나는 그렇게 되는 것이 맞다고 본다. 다시 말해 방과후학교는 더 이상 학교가 책임지는 것이 아니라 정부와 지자체 차원에서 영리기관들을 선정하여 예산을 지급하고 운영하게 해야 한다고 본다. 또 다른 방법으로는 교육협동조합을 운영하는 것이다. 2012년 12월 1일 협동조합 기본법이 제정되면서 많은 사회적협동조합이 만들어지고 있는데 교육협동조합도 그 중 하나라고 생각한다. 5인 이상의 뜻 있는 사람들이 모여 구성하면 되기 때문에 특히 농산어촌 지역에 어울리는 방법이라고 생각된다.

이야기 6-3.

이제 진짜 시작인가? 그렇다면 시작해야지

이번 중학교와의 연계 학습발표회를 추진하면서 농산어촌 소규모 학교들의 폐교 위기 극복을 위한 운동이 우리 ○○지역에서도 본격적으로 일어나는구나 하는 생각이 들었다. 한편으로 반가우면서도 이것을 계기로 어떠한 방법으로 어디까지 풀어나가야 할지 고민도 되며 교육 주체들에게 주어질 책임감에 걱정도 앞선다.

이번 행사 추진은 모두가 알고 있는 것처럼 중학교의 위기 속에서 나온 하나의 대책이다. 지역 내 선후배들이 모여 지역주민과 학부모들을 위하여 행사를 진행한다는 것은 학교만의 축제가 아니라 지역 모두의 축제가 될 것이라 생각되기 때문에 적극 환영하지만 이 행사를 통해 두 가지 정도 고민해 보아야 할 것 같다.

먼저 앞서 말한 것처럼, 지금 상황은 중학교의 위기에서 나온 것이다. 하지만 과연 이것이 중학교만의 문제일까? 우리 초등학교에서도 그

동안 학생 수 감소에 대비하기 위하여 노력해야 한다는 것에 많은 교직원들이 공감해왔다. 하지만 학교에서 나서서 학생들을 전학시켜 온 적은 없었다(물론 쉽지 않은 일이라는 것은 잘 알고 있다). 현재 우리 학교의 귀농귀촌인 자녀들의 유입은 학교의 노력이 아니라 학부모회의 노력이었다. △사랑 학부모 카페를 통한 홍보와 전학 가족을 위한 게스트하우스를 운영하며 실질적으로 지역을 둘러보고 생활해보다 정착하게 만들었던 것이다. 이제 우리도 준비해야 한다. 학교 홈페이지에 사람들이 찾아 올 때까지 기다리는 것이 아니라 다양한 방법을 모색하여(□□초와의 어울림학교 지정, 지역 내 유치원 및 어린이집 방문, 전국 단위 귀농귀촌 사이트 이용, 신문 및 방송 이용 등) 적극적인 홍보가 필요하다. 또한 현재 학교에 있는 농촌유학센터를 적극 활용하고(터미널하우스의 개념) 필요에 따라서는 관사도 고민해보아야 한다고 생각한다.

다음으로 이 행사가 학교 교직원과 학생의 참여에서 끝나는 것이 아니라 지역 주민 모두의 축제가 되어야 한다, 다시 말해 학교의 주체와 지역 주민들의 소통과 공감의 장으로서의 역할을 해주는 하나의 계기가 되어야 한다고 본다. 현재 귀농귀촌인들의 가장 큰 어려움 중의 하나가 기존에 살고 있던 지역 주민과의 마찰이다. 지역 내에 거주하기 위한 집과 땅을 구하기란 너무도 어려운 일이고 행여 구한다 하더라도 마을 주민들의 텃세는 이루 말할 수 없다. 또한 처음에는 마을에 아이들의 웃음소리가 들려 너무 좋다고 하다가 시간이 지나면 애들이 너무 시끄럽다. 너무 밤늦게까지 돌아다니는 거 아니냐, 아이들이 밭농사를 망쳐 놨다, 심한 경우에는 젊은 사람들이 마을에 들어와서 나쁜 일만 생긴다 등의 문제들을 제기한다. 물론 서로의 노력이 필요한 것이 맞다. 지역 어른들은 젊은 귀농귀촌인들이 살갑게 다가오길 원하며 시시콜콜한 내용이라도 말 걸어주고 소통하길 원하신다. 하지만 도시에 살다 온 젊은 귀농귀촌인들은 그러한 관심과 간섭을 달갑게 느끼지 않을 것이기 때문에 서로가 소통을 위하여 노력해야 한다고 본다. 이런 이유로 이번 행사가 만남의 기회가 되었으면 하고 더 많은 자리가 있었으면 한다. 그러기 위해서는 학교뿐만 아니라 지자체부터 마을 이장단협의회까지 모두가 노력해야 할 것이다.

학교는 학생 수 감소가 문제이다. 농산어촌 지역은 인구의 노령화가 문제이다. 이 문제를 해결하기 위한 젊은층의 유입을 위해서라도 학교 및 지역이 현재의 문제점을 정확히 인식하고 지속가능한 농산어촌 발전을 위해 노력해야 할 것이다.

이야기 6-4.

마을과 함께하는 학교

평소 독서, 글쓰기를 누구보다도 싫어하던 나 자신이 이렇게 글을 쓰고 있다니 놀랍기도 하지만 점점 부담이 되는 건 어쩔 수 없는 것 같다. 몇 번의 자유 주제로 글을 쓰다 '농산어촌지역의 작은 학교 활성화를 위한 마을학교 만들기'로 정해지면서 하나의 생각만 가지고 쓰면 되니까 편하게 접근할 수 있을 거라 생각했는데 오히려 그 소재에 대해 더 깊게 들여다봐야 하기 때문에 어디까지 접근해야 할지 머릿속에 정리가 안 되어 며칠을 고민만 한 것 같다. 그러나 이대로 고민 속에 머무를 수 없기에 현재 마을학교라 일컬어지는 몇 군데의 사례를 바탕으로 농산어촌 작은 지역의 마을학교 적용가능성에 대해 적어보기로 했다.

먼저 마을학교가 무엇인지 알아보자. 인터넷 검색창에 마을학교를 입력하면 아주 많은 지역의 마을학교가 나온다. 같은 듯 다른 형태의 마을학교들이 각각 자기 지역의 여건에 맞추어 운영되고 있는 것 같다.

그러나 조금 자세하게 목적과 운영 및 사업을 들여다보면 마을(지역)을 위한 마을학교의 모습도 있고, 운영 단체를 위한 마을학교의 모습도 있으며 마을과 함께하는 마을학교의 모습도 있다. 이들의 공통점을 보면 아이들의 미래를 위한 교육에 힘쓰며 마을(지역) 주민들의 삶의 질 향상에 대하여 노력하고 있다는 것이다. 이런 시각으로 본다면 마을학교는 마을(지역)이라는 텃밭에 단체나 법인 형태의 울타리 안에서 아이와 어른이라는 씨앗과 작물들이 공동체의식이라는 영양분을 받아 자라게끔 하는 유기적이고 순환적인 구조를 가진 것이라 볼 수 있을 것 같다. 따라서 마을학교는 마을과 함께하는 학교로 정의하는 것이 어울릴 것 같다. 다른 형태로 말하자면 공동체마을과 혁신교육 또는 대안교육의 만남이라고 볼 수도 있을 것 같다.

다음으로, 마을학교의 운영 주체는 누구인지 살펴보자. 일반적으로 공동체마을의 형태가 종교적 어울림, 생태 및 환경적 어울림, 또는 뜻하는 바가 같은 어울림 등의 형태로 이루어졌듯이 마을학교의 주체도 비슷하다. 다만 교육과 경제라는 측면에서 지역 인재, 사회운동가, 학부모 등의 참여율이 높아졌다는 점이 특징인 것 같다. 또한 요즘 혁신교육으로 인한 교육지원청(의정부, 세종 등)의 참여도 이루어지고 있다.

세 번째로 마을학교는 무엇을 하는 곳인지 알아보자. 마을학교의 주된 목적은 마을공동체 형성과 교육이다. 여기에 최소한의 경제적인 삶을 위한 수익사업도 포함되어 있다. 먼저 마을공동체를 형성하여 정신적·육체적으로 건강한 삶을 추구하며 문화적 공감대를 만들어 가기 위해 노력하는 곳이며 아이들의 행복한 미래를 위한 다양한 교육을 제공하는 곳이다. 여기에는 공간과 인력이 필요한데 보통 마을학교는 단체나 법인 출자금 및 회비 그리고 관련 사업 유치를 통해 공간과 운영비를 확보하고, 지역 내 다양한 우수 인재들의 재능기부를 통해 문화적·교육적 프로그램을 소화하고 있다. 예를 들면 단체 및 법인 발기인들의 출자금으로 공간을 확보하고 교육지원청과 협의하여 방과후와 주말에 프로그램을 운영하며, 분기별 또는 연 1~2회 축제나 행사를 추진하는 형식이다. 그리고 프로그램은 지역 주민들과 아이들 그리고 재능기부자들이 서로 협력하여 운영하는 방식이다. 그리고 확보된 공간 속에 이윤을 창출할 수 있는 사업장(커피, 음식, 프로그램에서 만들어진 물품 등)을 만들어 운영 주체들의 경제적인 고민에 대한 내용을 풀어가고 있다.

네 번째로 마을학교에서는 왜 이러한 일들을 하는 것인지 알아보자. 공동체 형성의 필요성은 굳이 말하지 않아도 요즘 많이들 느끼고 있을 것이다. 제 4차 산업혁명(인공지능, 사이버 등)의 시대에 따라가야 하는 시점에서 협력의 공동체 형성에 대한 필요성을 느끼기 때문에 마을학교들이 만들어지는 것이다. 그리고 교육적인 측면에서 보면 학생 자치 실현 및 실질적 자기주도학습능력 함양, 다양한 진로교육을 통한 제대로 살아가는 삶이 무엇인지 알아보게 하는 개인의 성찰을 위한 교육으로 초점을 바꿔가기 위해 마을학교를 운영하는 것이다. 현재의 공교육의 한계를 혁신교육 또는 대안교육과의 융합으로 마을(지역)에서 주민들이 스스로 교사의 역할을 하며 풀어가고자 하는 노력이 아닌가 싶다. 다른 한편으로 보면 예전처럼 같이 더불어 살아가기 위해 마을공동체를 복원하여 실제 가능한 삶과 교육을 추구하는 것이라 할 수도 있겠다.

마지막으로, 이러한 형태의 마을학교를 농산어촌 작은 학교에 적용할 수 있을지 살펴보겠다. 일단 운영 주체의 문제가 있다. 솔직히 가장 편한 방법은 지자체의 지원을 받아 마을에서 운영하는 것이다. 안정된 경제적 지원만 뒷받침된다면 몇 년은 잘 운영될 수도 있다. 그러나 이러한 운영 방법은 정해진 틀 안에서 움직일 수밖에 없어 눈치를 봐야 하고 몇몇을 위한 사업으로 끝날 수도 있는 마을(지역)을 위한 마을학교로 전락될 수 있는 단점이 있다. 다음으로 단체 및 법인의 주도로 운영될 수도 있다. 이 형태가 잘 운영되려면 단체 및 법인의 설립목적과 사업이 마을학교와 잘 맞아야하며, 구성원들도 다양한 직업 및 능력을 가지고 있어야 한다. 공동체마을은 농업, 경제, 교육, 문화예술 등 다방면의 내용들이 이루어지는 곳이기 때문에 아이부터 어른까지 맡아야 할 역할들이 많아 다양한 능력을 필요로 한다. 또한 이러한 구성원들을 하나로 묶어 줄 명확한 목적이 있어야 한다. 이런 것들이 수반되지 않으면 운영단체를 위한 마을학교로 수명을 다 할 수밖에 없을 것이다. 그렇다면 결과적으로 마을과 함께하는 학교의 형태로 갈 수 밖에 없지만 이것도 만만치는 않다. 마을과 함께한다는 것은 일단 운영 주체들이 마을의 실질적 구성원이 되어야 하고 마을 주민들의 공감대를 이끌어 하나가 되어야 한다. 일부만 참여한다든지 일부에게만 혜택이 돌아간다든지 이런 일이 발생하면 마을학교는 의미가 퇴색할 것이다. 실제 농산어촌 지역에서의 공감대 형성은 쉽지가 않다. 어찌 보면 이것이 가장 큰 문제가 될 수도 있다. 마을학교를 위한 공간 확보 면에서도 마을의 도움이 없다면 추진이 어려울 것이다. 따라서 협력 가능한 마을공동체를 형성하여 공간과 인력이 구성되어야 하며 더불어 구성원들의 자발적 참여를 통한 교육, 문화예술 등의 프로그램들이 이루어져야 할 것이다. 다음으로 구성원들의 경제적 문제가 발생할 수 있다. 물론 안정된 직장 또는 사업장을 가진 구성원들은 문제가 되지 않을 것이다. 하지만 귀농귀촌을 하신 분들이나 기존 마을의 주민들은 경제적인 부분에 신경을 쓸 수밖에 없다. 실제로 ○○와 ☆☆의 경우를 보면 귀농귀촌 하신 분들이 자녀들의 교육을 생각하고 오셨다가 직업이나 일거리를 구하지 못하여 경제적인 어려움을 토로하고 다시 도시로 돌아가신 경우가 몇 가족 있었다. 또 다른 곳에서는 열심히 노력하여 소득이 많아진 귀농자들이 기존 마을 주민들의 날카로운 눈초리와 볼멘 목소리 때문에 견디지 못하고 타 군으로 떠나신 경우도 있다. 이러한 상황으로 가지 않기 위해서는 확보 된 공간에서 모든 주민들이 인정할 수 있는 최소한의 경제적 이윤을 창출하는 장치가 필요하다. 예를 들면 기존 주민들의 농산물 및 인력, 귀농귀촌자들의 기술력과 아이디어가 융화되어 다 같이 참여하며 이윤을 올릴 수 있는 방법을 모색해야 할 것이다.

짧게나마 마을학교에 대해 고민해 보았다. 실제로 수많은 마을학교 중에서 모든 구성원이 만족하며 행복하게 꾸준히 운영되는 곳은 많지 않은 것 같다. 아니 거의 없다. 마을이라는 작은 공간이지만 많은 내용들이 유기적인 관계를 가지고 구석구석 들어가 자리를 차지해야 하고 교육이라는 끈으로 흔들리지 않게 묶어 모든 구성원들의 행복을 만들어 내야 하는 것이기에 어려운 내용인 것 같다. 그래도 할 수 밖에 없지 않은가? 이러한 시도가 없었다면 지금의 혁신교육, 마을학교 같은 고민들이 나오지 않았을 것이라 생각되기에 그래도 나아가야 할 것 같다.

이야기 6-5.

나에게 여유와 목표를 주자

주말 동안 우연하게 관내 '가'초등학교의 가족캠프를 잠시 다녀오게 되었다. 그 학교 가족캠프의 정규 행사 시간은 금·토 1박 2일이었으나, 가족들의 상황에 따라 2박 3일까지 자유롭게 운영되고 있었다. 먼저 금요일 저녁에는 산책을 나갔다가 둘러보게 되었다. 운동장 둘레에는 빼곡하게 텐트가 들어서 있었고 그 안에서는 아이들이 자유롭게 모여 즐겁게 뛰어 놀고 있었으나 학부모님들은 보이지 않았다. 어디선가 들리는 마이크 소리를 따라가 보니 강당에 교직원과 학부모가 모여 열띤 토론을 하고 있는 모습이 보였다.

나중에 '가'초등학교에 근무하는 '나'교사를 통해, 저녁식사 후에 교직원과 학부모의 협의회 및 각 학년별 학부모 협의회를 가졌다는 이야기를 들었다. 토요일에는 '가'초등학교 학부모였었던 예전 대학 선배의 연락을 받고 저녁시간에 5시간 정도 머문 것 같다. 2011년 1학년 학부모들의 모임으로 그 당시의 아이들은 현재 중학교 1학년이 되었으나 동생들이 아직 '가'초등학교에 다니고 있기 때문에 캠프에 참여하게 되었고 그 때의 연으로 지금까지 계속 독서모임 및 가족모임을 이어오고 있다고 했다. 대부분 안면이 있으신 분들이라 넉살 좋게 자리에 끼어 저녁 식사를 하던 중 다소 당황스러운 일이 벌어졌다.

학부모 중 한 분을 시작으로 모두발언을 한 뒤 자연스럽게 독서토론 자리로 이어졌다. 먼저 그 달의 책에 대하여 자유롭게 토론이 진행되었고, 그 후 학부모 한 명이 자신이 정한 주제로 강연을 한 뒤 질의응답을 하는 형식으로 진행되었다. 모두가 자신의 생각을 당당하게 이야기하며 진지하게 참여하는 모습, 토론 및 강연의 수준 높은 내용, 지켜보는 나를 전혀 의식하지 않는 모습 등이 너무 당황스러웠고 이런 생각을 하고 있는 나 자신이 부끄러웠다. 더욱이 놀란 것은 많은 시간 참여한 것은 아니지만 중1 아이들도 합류하여 자신들의 생각과 의견을 자유롭게 말하며 부모와 공감의 시간을 공유하는 모습이었다. 우연히 참여한 '가'초등학교의 가족캠프는 위와 같은 경험으로 나에게 두 가지 생각에 잠기게 했다.

첫 번째의 고민은 '우리 학교의 가족캠프는 이대로 괜찮은가'이었다. '가'초등학교와 우리의 가족캠프는 생각과 방법의 차이가 분명하였다. 아직도 계획부터 진행까지(물론 협의회라는 형식은 거치고 있지만) 학교가 주가 되고 학부모회는 협조 내지 참여의 수준에 머물고 있으며 무언가를 받고 즐기다 가는 형식의 우리 학교 가족캠프와 환경의 변화를 통한 가족 간의 소통과 학부모간의 협의가 주를 이루며 참여, 계획, 진행, 예산 전 범위에 걸쳐 학부모회 스스로가 움직이는 '가'초등학교의 가족캠프는 확연한 차이를 보이고 있다. 물론 규모와 기간의 차이가 있기에 다름을 인정한다 하더라도 캠프를 준비하고 운영하는 생각의 차이를 고려한다면 지속가능한 가족캠프가 되기 위하여 이런 행사를 왜 운영하는지에 대한 고민의 시간이 필요한 것 같다.

두 번째의 고민은 교사로서의 나에 대한 것이다. 토요일 내가 참석한 자리에서 학부모들의 토론에 대한 주제는 자녀와 교육이었다. 자녀들의 자기주도적 학습능력과 창의성을 고려한 성장을 위하여 교과서는 필요한 것인가, 교육부에서 말하는 교과서에 대한 주제 통합 수업이 학교 현장에서 가능한 형식인가, 그렇다면 모든 학년 모든 교사들이 그러한 수업을 일상적으로 진행할 수 있을까, 교육의 틀이 바뀌어야 되는 것이 아닌가, 그렇다면 바뀔 수 있을까, 부모의 역할은 무엇인가, 믿고 맡기는 것만이 전부는 아니지 않나 등등 평소 나조차도 고민하기 어려운 내용들이 그 자리에서 자유롭게 토론이 되고 있었다. 어느 순간 부끄럽기도 하고 어느 순간 화가 나기도 하였지만 그들의 문화가 너무 부러웠다. 더불어 하루하루 안일하게 살아가며 교사로서의 나를 위해 노력하지 않는 내 자신에게 짜증이 났다. 교육경력 만 8년, 변화가 필요한 것 같다. 나를 뒤돌아 봐야할 시기가 온 것 같다. 이대로 머물러 있긴 싫다. 바뀌든지 그냥 살아가던지, 아님 인생의 방향을 달리하던지 무기력하게 지내는 나에게 영양분이 될 수 있는 목표를 세우고 생각을 정리할 수 있는 여유를 주어야 할 것 같다.

이야기 6-6.

참학력? 참...학력

지난 7월 4일 '2017 참학력 포럼'에 다녀왔다. 일단 제목부터가 생소하면서도 의아스럽다. 참학력? 얼핏 들어는 봤지만 무엇을 이야기하고 왜 필요하며 어떻게 진행되는 것인지에 대한 고민을 해보지 않았기에 이번 기회를 통하여 알아보고 싶었다.

먼저 참학력의 등장 배경부터 알아보자. 민선교육감 시대에 들어선 후 전라북도의 교육은 '가고 싶은 학교, 행복한 교육공동체'를 정책비전으로 삼고 혁신학교를 운영하게 되었다. 그 후 '혁신학교를 넘어 학교혁신으로'라는 구호를 내세워 모든 학교의 혁신을 추구하고자 하였다. 학생의 배움과 성장, 민주적인 학교문화, 교사의 자율성과 전문성 및 학습공동체 등 성과와 실천 내용들은 많은 분들이 아시리라 생각된다. 그러나 이러한 내용들은 기존의 성적위주의 학력관으로 인해 오히려 학생들의 학력을 저하시킨다는 비판에 직면하게 되어 교육부, 도의회,

언론 등의 많은 공격과 비난을 받게 된다. 이에 전라북도교육은 기존의 학력관과의 갈등과 오해를 풀어내며 혁신교육의 철학과 부합되는 새로운 학력관을 모색하게 되는데 이것이 바로 참학력이다.

전라북도교육이 추구하는 '배움과 삶이 하나 되는 참학력'에서의 '참'은 실제적인, 자발적인, 자기주도적인, 독창적인 배움을 의미하며 참학력은 지식 위주의 학력을 넘어서 지식, 가치와 태도, 실천이 조화를 이루어 공동체와 더불어 행복하게 살아가는 힘을 의미한다고 한다.(좋은 말을 다 갖다 붙여 이해하기 어렵고 복잡한 내용 같다.) 그리고 참학력을 이루기 위해 스스로 배우고(자기주도적 학습 능력) 새롭게 생각하며 (창의적 문제해결 능력) 더불어 살아가는(자기관리 능력, 소통·참여 능력, 생태·문화 감수성)힘을 길러야 한다고 이야기한다. 이것을 참학력의 세부 능력이라 부른다. 역시 어렵다. 다 한번쯤 들어본 내용들인데 이것들을 교묘하게 잘 섞어 놓은 느낌이다.

참학력을 위해 교육현장에서는 어떻게 해야 할까? 첫째, 교육과정, 수업, 평가를 개선해야 한다고 한다. 교육과정은 성취기준 중심으로, 지역사회와 연계된, 교과내·교과간·비교과 활동을 아우르는 통합교육과정으로 바뀌어야하고, 수업은 학생이 배움의 중심이 되고 배움을 삶과 연결하여 실천하는 방향으로 수정되어야 하며, 평가는 단순 지식이 아닌 고등사고력을 평가하되 비인지영역(협력, 배려, 동기, 실천, 책임 등)을 포함하며 성장을 기록하고 피드백해주는 성장평가제를 해야 한다고 한다.

둘째, 참학력의 세부능력을 기르기 위해 다양한 교육활동을 전개하라고 한다(내용이 너무 많아 생략하지만 다들 들어본 내용들이다.) 셋째, 학교는 자치공동체와 학습공동체를 튼실하게 운영하라고 한다. 교사·학생·학부모·지역사회가 자발성·책무성·집단지성을 이용하여 민주적 자치공동체를 운영하게 하고, 교사들이 교육과정·수업·평가를 함께 실천하고 연구하는 전문적 학습공동체를 구성할 수 있도록 해야 한다고 한다.

지금까지의 내용이 전라북도교육이 추구하는 새로운 학력관인 참학력이다. 기존의 일방적이고 강압적인 정책의 지시와 달리, 그 동안 혁신학교를 중심으로 학생의 배움과 성장에 대해 고민하고 실천했던 내용들을 반영하여 새로운 학력관을 제시한 점에서 교육의 흐름이 많이 바뀌었구나 생각이 들지만, 얼마나 많은 교사들이 이러한 내용을 이해하며 실천할 준비가 되어 있을지 의문이 든다. 혁신학교를 경험하면서 실질적으로 노력하며 고생했던 분들에게도 쉽지 않을 내용이기에 자발성과 책무성, 참여와 협력을 요구하는 정책에 대다수의 교사들이 어떤 반응을 보여줄지 고민해야 하며, 교사들에게 주체적으로 움직일 수 있도록 준비할 수 있는 정신적 여유와 만남의 장을 개설해주는 방안을 모색해야 할 것 같다. 그리고 민주적 자치공동체를 학교나 교사들이 자발적으로 운영하게 하기 이전에 도교육청 및 각 지원청 단위에서 지자체와 충분한 협의를 거친 뒤 합일된 교육 정책을 제시해야 공동체 구성원들이 혼란스러워 하지 않고 마음을 열며 책임감 있게 움직일 것 같다.

이야기 6-7.

되돌아보며

이번 글이 우리 셀프스터디의 마지막이다. 마음이 오묘하다. 이제는 정해진 날짜에 대한 압박으로 인해 가슴 졸이며 글을 안 써도 된다는 안도감이 들기도 하고, 정말 글을 안 써도 되나 하는 걱정스러움과 약간의 서운함이 공존하는 것 같다. 글쓰기를 두려워하고 툴툴거리던 내가 10개 정도의 글을 쓰며 크게 어려운 일은 아니구나라고 느끼게 된 것이 지난 2년 동안의 성과인 것 같다. 그 동안의 주제들을 보면 나 자신의 이야기부터 방과후학교, 농어촌 소규모 학교의 위기 문제, 마을과 함께 하는 학교, 참학력, 행사 이야기 등 평소 내가 관심을 가지고 말하고 싶었던 내용들을 다뤘기에 조금 수월하지 않았나 싶다. 물론 나의 생각을 미리 읽고 알맞은 주제를 던져주었던 교수님이 계셨기에 가능한 일이었다. 평소 자신들의 고민거리를 글로 풀고 서로의 경험과 이야기를 통해 공감해주며 때로는 위로를 때로는 해결책을 제시하여 마음의 평안을 얻어가는 좋은 공간과 시간을 제공한 것이 이 셀프스터디였던 것 같다. 이 글을 쓰며 다시 한 번 우리 ○○ 가족을 떠올려 본다.

어려운 자리임에도 불구하고 후배 교사들을 위해 자신의 경험과 생각을 선뜻 공유해주신 교장선생님, 항상 밝은 미소와 환한 웃음으로 분위기를 업 시켜주시며 중심역할을 해주시는 교감선생님, 매사 강력한 에너지와 열정으로 교사로서의 모범을 보여 주며 더불어 소녀 같은 감성을 갖고 있는 '가'선생님, 아이들을 위해 이것저것 아이디어를 내고 힘들어도 꿋꿋이 버티면서 신배들까지 챙겨주는 따뜻한 '나'선생님, 궁금한 것이나 결정력이 필요할 때 완벽한 정보력으로 화끈하게 해결해주는 듬직한 '역시 정보' '다'선생님, 2년 동안 셀프스터디를 담당하면서 책임감의 무게와 선생님들의 편의를 봐주느라 고생도 많이 하고 속도 편치 않았을 것 같은, 그리고 나에게 ☆선생이라는 닉네임을 안겨준 '라'선생님, '마'선생님은 패스(술이라도 마시면서 이야기해야 하는데 맨정신이라 부끄러워서), 항상 연구실을 따뜻하고 편안하게 지켜주며 저경력 교사의 고민을 던져 한 번씩 나를 되돌아보게 해주는 우리의 막내 '바'선생님, 모두가 서로의 진심을 털어놓고 이야기할 수 있는 이런 기회는 전에도 없었지만 앞으로도 쉽게 얻을 수 없을 것 같아 더더욱 아쉬움이 남는다.

조금씩 시간이 지나가면서 이제 학교의 구성원들이 바뀌어 가는 때가 온 것 같다. 불과 1~2년만 지나면 여기 계신 선생님들의 대다수가

이 공간에 같이 하지 못할 것이다. 각자의 길과 세월의 흐름이 있기에 거스를 수 없지만 또 다른 공간, 또 다른 자리에서 만나뵐 수 있기를 바라며 각자의 자리에서 항상 존경받고 건승하시길. 이제 이것들도 하나의 추억으로 지나갈 것 같다.

제7장

한 혁신학교 초임교사의
좌충우돌 교육 이야기

김진선
(지사초등학교 교사)

이야기 7-1.
철수와 나

학교를 옮겨와 여기서 4학년과 한 해를 함께 한다는 걸 알게 되었을 때, 선생님들께서는 자연스레 철수(가명)에 대한 이야기를 내게 가장 많이 들려주셨다. 철수는 부모님께 제대로 보살핌을 받지 못하는 형편의 학생이었다. 따라서 담임인 내가 철수 부모님이 못 해주시는 보육의 기능 또한 신경써줘야 좋을 것 같다는 뉘앙스로 철수 이야기를 해 주셨던 것으로 기억한다. 그래서 그 학생을 만나기도 전에 우려를 많이 했다.

그러나 처음 철수를 만나게 되었을 때, 귀여운 얼굴과 동그란 눈을 가진 키 작은 남자 아이가 단지 짠해 보였을 뿐이었고 큰 걱정이 되지는 않았다. 철수에게서 외양간 냄새와, 오래 씻지 않아 나는 냄새가 나서, 수업을 할 때 내가 슬슬(무의식적으로) 그 아이를 피하고 있다는 정도가 우려의 전부였다. 그렇게 철수와 나의 관계는 비교적 순조롭다고 생각하며 4개월이 흘렀다. 그런데 며칠 전, 철수 어머님이 학교로 찾아 오셨다. 주말에 철수 집에서, 철수가 가위의 뾰족한 부분에 찔려, 눈두덩을 다쳤다는 말을 하러 학교로 오신 것이다. 당연스레 학교 측에서 병원에 데려 가 달라는 듯하셨다. 어눌한 말투로 "어쩌다보니 가위로 눈을 찔렸어요"라는 말만 반복하셨지만 말이다. 학교에서 다친 일은 아니었지만 나는 그때까지도 당연히 '그러려니'하며, 이따 수업 끝나고 얼른 병원에 데려가야겠다는 생각만 들었다.

나는 철수를 데리고 번화가인 오수로 나갔고, 대기실에서 기나긴 기다림 끝에 겨우 병원치료를 받았다. 치료받는 병원 대기실에서는, 철수가 나와 함께 한 4개월 동안 처음으로 내게 이유 없이 불퉁거렸다. 또한 계속 불만 많은 표정과 언행으로 나를 대했다. 철수 앞으로 배정된 소정의 복지비가 있어서 병원진료와 위생관련 활동 등을 할 수 있었기에, 이발도 시키려고 한 미용실 문 앞에 있던 참이었다. 끝끝내 나와 미용실을 선택하는 대화에 있어서 더 심하게 반항하며 "왜 ○○미용실에서 깎아요? 다른 데서 깎아요"라고 당돌하게 요구했다. 내가 슬며시 권유한 짧은 머리모양이 싫었다고도 했다.

철수 앞으로 배정된 복지비를 쓸 수 있는 미용실은 오수에서 ○○미용실 한 군데였다. 그렇게 설명해줬는데도 반항하는 철수를 보고는 나는 많이 당황했다. 또한, 그 날 철수 다친 문제로 하루 종일 발을 종종거리며 관련된 일처리를 했었기에, 나는 "내가 누구니 철수야? 내가 너의 엄마일까? 비서일까?"라는 말이 나도 모르게 나왔다. 언성을 높이며 철수를 혼내기도 했다.

그 후, 타협(?) 끝에 그 미용실에 들어가서 아이 머리를 어떤 모양으로 깎아 달라 미용실 주인에게 말씀드렸다. 그리고 나는 약국에 얼른 들러 철수 약을 가지고 다시 미용실로 들어갔다. 그런데 녀석이 닭똥 같은 눈물을 소리 없이 흘리고 있었다. 그 순간, 내 마음 속에 너무도 여러 가지 생각이 스쳐갔다. 내면 깊은 곳의 죄책감이 건드려진 것 같기도 하고, 아이에 대한 원망도 설핏 들었다. 평소 아이들에게 담임인 내 눈치를 보게 하지 않으려고, 그것을 나름대로 학급경영의 원칙으로 삼았는데도 불구하고, 유독 내 눈치를 심하게 살피던 철수였다. 그래서 그 눈치를 보는 문제 때문에 그에 대해 이야기를 나누던 철수의 모습도 내 뇌리에 같이 스쳐갔다. '왜 매번 교실에서는 주눅이 들어 눈치를 보다가, 오늘은 정반대의 모습으로 갑자기 나를 당황하게 할까'하는 생각이 들었다.

'이 아이의 마음속에 나는 어떤 모습일까?', '나는 진짜 저 애를 위한 여러 가지 일들을 하는 것일까?' 등의 별별 생각이 다 들었다. 4개월 동안 있었던 여러 가지 철수에 대한 일들과 합쳐져, 마음 속 여러 생각의 부유물이 한꺼번에 떠오른 듯 복잡했다. 다른 아이들보다 손길도 많이 가고, 신경도 많이 쓰였던 것이 사실이니까 말이다. 아직 반절 정도의 학급생활이 지났고, 앞으로 철수와의 학급생활도 반절 정도 남았다. 철수와 나는 앞으로 어떤 마음으로, 어떤 모습으로 이 반의 기간을 채워나가게 될지 나조차도 궁금하다.

이야기 7-2.
원격연수와 그에 따른 생각들

요즈음의 관심사는 원격연수와 그에 따른 성장이다. 성장하고 싶다는 욕구가 강하게 드는 요즈음이다. 혁신학교에서 근무를 하는 나는 혁신을 하려면 '나'라는 교사가 혁신의 주체가 되어야 한다고 생각한다. 그러려면 중심축을 어느 쪽에 두어 혁신을 해야 할 것인가를 나름대로 고민했다. 우선, 교사의 본분인 수업시간의 학습지도를 '1)재미있게 2)유익하게 3)학습목표에 도달하게' 할 수 있는지의 세 가지 질문을 해 보았는데, 세 가지 모두 나는 자신이 없다. 자신이 없다고 해서 수업에서의 혁신은 경력자 선생님들만의 것이라고 치부해야 하나. 그래서는 안 되기에 요즈음의 관심사는 내가 수업하는 데에 직접적으로 도움이 되는 연수인 것이다. 그에 따라서 '내가 원격연수를 선택할 때 하는 생각'들을 말해보려고 한다.

첫째, '지금 내게 필요한 분야의 연수는 무엇인가'를 생각한다. 내게 도움이 되는 연수를 받으려면 나의 강점과 약점을 파악해야 한다고 생각한다. 그렇다면 '나는 수업에서 어떤 쪽에는 자신이 있고 없는지'를 알고 있을까? 그것 또한 아니다. 나 자신을 아직 모르고, 수업기술도 모르니 막막할 따름이어서, 듣고픈 연수가 참으로 많은데 시간은 한정되어 있으므로 선택에 있어서 고민이 된다.

둘째, '이거 듣고 나면 뭘 얻나'를 생각한다. 하나나 두 개라도 내 기존지식에서 변하고 성장하는 것은 무엇인가? 또는 실제로 써먹을 한 두 가지는 무엇일까를 생각한다. 어떤 원격연수는 책 한권 읽는 것보다 얻는 것이 가벼워 클릭만 열심히 하게 하는 경우도 있고, 어떤 연수는 지나가는 것이 아까워 복습하며, 필기했던 것을 다시 보기도 하니까 말이다. 그러니 연수 선택과정에서 재미있어 보인다고 무작정 선택하면 안되겠다는 생각도 든다.

셋째, '이번 년도에 맡은 아이들과 연관이 되는 것인가'를 생각한다. 저경력 선생님들과 사적으로 차 마시는 자리에서 우리끼리 농담으로 했던 말이 있다. 수업준비에 있어서 "그 날 벌어 그날 먹는다"는 말이다. 수업 전날이나 당일 부랴부랴 준비해서, 하루 수업을 근근히 한다는 뜻으로 우리끼리 자조했다. 적은 경험 상, 저장해 놓은 지식이 없기 때문에 그때그때 준비해서 수업을 하고 있으니 말이다. 거시적으로 다음 년도까지 생각할 수 없는 우리 저경력자이기에, 나는 지금 맡은 아이들에게 조금이라도 도움이 되고자 연수를 선택하고 고민한다. 물론 위의 생각에 따라 선택하는 연수들이 가져다주는 것의 한계는 있겠지만, 저경력 교사에게 연수는 '메마른 땅에 물주기' 아닌가! 부지런히 듣고 무럭무럭 아이들처럼 나도 잘 자라나야겠다는 생각이 든다. 아이들마다 성장의 속도가 있듯이, 나도 그렇게 느리더라도 차근차근!

이야기 7-3.
의견 나누는 시간이 저경력 교사에게 주는 의미

요즈음 우리 학교 아이들 간에 문제들이 생겼다. 아이들뿐 아니라, 나도 저경력교사로서 이런 상황의 대처방법을 여러 선생님의 의견을 들으며 배우고 성장한다. 이것을 가능하게 하는 우리 학교의 열린 토론 문화(비공식적인 시간)가 저경력교사의 성장에 어떤 방식으로 도움이 되는지를 적어보고 싶었다. 적기 전, 저경력 교사라는 단어의 뜻을 제대로 짚어볼 필요가 있어, 정의하려 한다. 저경력 교사 시기는 '대체로 교직에 안정감과 자신감을 갖게 되기까지 기간을 의미한다고 할 수 있다'고 한다(박준, 2012). 저경력교사는 무엇 때문에 힘들까 생각해보고, 인터넷을 검색해보니 '익숙하지 않은 문제해결' 때문이라고 한다. 내가 겪는 점심시간 토론 문화가 그 문제해결에 대한 어려움에 도움이 될까 하여, 그것의 장점을 적어보려 한다.

우리 학교는 점심시간에 선생님들끼리 전달사항을 전하고 나서 5교시가 되기 전, 짧게 이런 저런 이야기를 하며 학교생활 및 여러 주제에 대해 의견을 나눈다. 그 첫 번째 장점은 학교생활 및 지도방법에 대한 대처법을 간접적으로 배운다는 것이다. 구체적인 사례를 적자면, 지사초등학교의 고학년 여학생들 간에 서로 무리를 지어 어울리고, 그 과정에서 배제되는 학생이 나타나는 일이 벌어졌다. 나는 저경력 교사이고, 중학년만 맡았으며, 지금은 전담교사인지라 이런 일에는 능숙하지 못하다. 몇 날 며칠 동안, 이 사건에 대해 여러 선생님들께서 본인들만의 경력에서 나온 의견을 주고받으셨다. 노하우 잔뜩 담긴 다각도의 해결책들을 귀를 쫑긋 열고 듣게 된다. 서당 개 3년에는 그 서당 강아지도 풍월을 읊는다 했던가. 지사에서 3년이 되지는 않았지만, 나도 이런 일이 생기면 이렇게 대처해야 하지, 혹은 그게 안 통하면, 또 다른 방법을 써봐야지 하는 그런 나만의 방법들을 어렵지 않게 떠올리게 된다(물론 지식과 실천은 다를지 모르겠지만 말이다).

또 다른 장점으로는 저경력자에게는 교육철학의 성장과 발전이 된다는 것이다. 1~6학년이 모두 같이 놀게 되는 작은 학교의 한계점 속에서도 우리 학교 선생님들만의 '아이들이 나아갔으면 하는 방향'들을 그 시간을 통해 말씀해주신다. 나는 그걸 발판삼아 내 교육적 사고를 키우고, 짧고 편협했던 기존 교육철학에 살을 붙여나간다. 무덤덤한 표정으로 경청하며 고개를 끄덕이지만, 나는 속으로 '유레카'를 외치고, 들은 말들을 되새기며 성장한다. 나 또한 학생들이 어떤 방향으로 성장하면 좋을지 그 시간을 통해, 나의 생각을 깊이 발전시켜나가는 기회를 가지기 때문이다.

세 번째 장점은 선배 선생님들께서 겪은 프레임으로 아이들의 행동을 이해할 수 있다는 것이다. 나는 30대 미혼 여성 교사이다. 10대인 아이들의 의중을 이해하기 힘들 때가 있다. 선배 선생님들의 많은 경험이 섞인 '그 아이는 아마 그런 마음에서 그렇게 행동했을 거야' 라는 말을 듣고 나서야, 나는 그 학생이 뒤늦게 이해된 적이 몇 번 있었다. 내가 어린 학생들을 온전하게 이해할 순 없겠지만, 최대한 이해해주고 싶은 마음이 든다. 그래서 토론하는 자리를 경청하며, 많은 도움을 받고 있다.

이 세 가지 장점은 결국 우리 학교의 점심시간 토론 문화가 '교사연구'의 시간이 된다는 뜻이다. 교사연구란 무엇인가. 이동성 교수님의 질적 연구에 관한 저서 중 5장을 보니, 교사연구는 '현장의 문제들을 해결하는 실용적이고 목표지향적인 학문적 탐구활동'이라고 한다. 다른 선생님들께도 그렇게 다가올지는 모르겠지만, 서로의 집단지성을 공유하며, 실제 일어나는 활동들을 나누며 해결하는 과정, 이 시간이 내게는 교사연구 시간이다. 그냥 '애들 얘기를 하는 것'같은 하루하루지만, 그 안에서 의미와 방향을 발견하고, 찾아나가시는 선생님들을 곁에서 보고 배우며, 나도 저렇게 성장할 수 있을까 하는 생각이 든다. 많은 동력과 성장의지를 주는 이 시간이 나에게는 참 소중하다. 그리고 흔치 않은 이런 배움의 기회에 감사하게 된다.

이야기 7-4.
나는 어떤 선생님으로 기억에 남을까?

내 이름은 김진선이다. '김진선 선생님'이란 호칭까지 붙여서 발음을 할 때, '선'자가 두 번 들어가기에, 저학년 학생들이 특히 발음하기 힘들어한다. 이름만 보아선 내 부모님은 내가 태어났었을 때, 선생님이 되리란 가능성은 많이 생각하지 않으신 것 같다. 어렸을 때도 나는 가족 및 친척 중에 선생님이 없어서였는지, 내가 선생님이 될 수도 있다는 생각과는 멀리 살았다. 그런데도 어릴 적에는 유독 학교에서 뵙는 선생님들을 신기한 눈으로, 또한 선망의 대상으로 바라보았다. 많은 어린이들이 그랬겠지만 말이다. 지금은 지사초에서 영어, 과학의 교과전담 교사로 아이들과 생활하면서, 유독 초등학교 시절의 내게 인상 깊었던 선생님들의 모습과 기억들이 자주 생각난다. 여러 모습들이 떠오르지만, 그 중에서 지금도 함께한 장면이 자주 떠오르는 인상 깊은 선생님들의 기억을 이야기해 보고자 한다.

첫째, 지금도 사용하게 되는 유의미한 지식을 전달해준 선생님이 기억에 남는다. 몇 학년인지는 기억나지 않지만, 사회시간인 것으로 기억한다. 교과서에 나온 기후에 관해 설명하시고는, 본인생각이라 덧붙이시며, 갈수록 우리나라는 4계절의 온화한 기후에서 열대 기후로 변해갈 거라고 담임선생님께서 설명해 주셨다. 그 때는 '정말일까'하는 의구심이 먼저 들었을지도 모른다. 그런데 시간이 많이 흐른 지금, 주위사람들과 흔한 인사말로 '우리나라 계절이 이상해지네'라고 대화할 때, 나는 그 선생님의 설명이 종종 떠올라, 추억하게 된다. 나도 그 선생님처럼 혜안을 가지고, 여러 사안들을 보는 통찰력이 포함된 지식을 전달할 수 있을까? 나 또한, 아이들이 내가 전달하는 지식을 유의미하게 활용하며, 풍성한 삶을 살았으면 하는 바람이다.

두 번째로 종종 떠오르는 분은 작은 것에도 정이 느껴졌던 선생님이셨다. 그 분은 학생들의 연필을 손수 칼로 깎아주는 선생님이셨고, 기억이 어렴풋한 것을 보면 저학년이나 중학년 때 선생님이셨던 것 같다. 문제를 푸는 시간에 우리가 연필을 들고 선생님 책상 앞으로 가면, 이내 나의 뭉툭했던 연필이 사그락 사그락 소리를 내며 뾰족하게 다듬어졌었다. 손이 서투른 어린이였던 나의 눈에, 선생님의 간단한 칼질 몇 번만에 내 연필이 쓸만해져 가는 걸 봤으니 얼마나 신기해했을까.

또 연필 깎으러 선생님 앞으로 나온 그 김에, 선생님께서는 내게, 그리고 아이들에게 간단한 말 한마디를 걸어주셨다. 그것이 참 기분이 좋앴다. 그래서인지 지금도 선생님께서 그 연필 깎아주시던 장면이 사그락거리는 소리와 함께 기억에 많이 남는다. 지사초에서 담임을 맡을 때도, 전담교사를 할 때도 가끔 아이들에게 손수 칼로 연필을 깎아줄 때가 있다. 지금의 학생들도 어렸을 적 나와 같은 반응으로 "오~~"하며 놀래한다. 나중에 어른이 되어 그들에게 나라는 선생님이 기억날지는 미지수긴 하지만 말이다.

나는 이렇게 지금도 두 선생님들의 기억들을 마음속에 품고 가끔 꺼내어 생각하는데, 우리 지사 아이들은 나중에 나를 어떤 장면 속에서, 어떤 모습으로 기억하게 될까. 내가 의도한 대로만은 되지 않겠지만, 그럼에도 되도록 좋은 장면으로 떠오르는 선생님이 되고 싶은 바람이 있다.

이야기 7-5.

교직원 연수(교사 동아리 포함)에 대한 나의 경험

2016과 2017, 그리고 다가올 2018학년도의 교직원 연수 및 교사동아리에 대한 나의 경험과 느낌을 얘기해보려 한다. 2016년도에는 뜨개질과 기타(guitar), 독서 활동들이 있었다. 그 중에서 '뜨개질 활동(실과교과 관련 연수)'에 대해 가장 기억에 남는 장면이라면, 교무실에서 윤도현 음악을 배경으로 오순도순 모여 뜨개질로 목도리를 짰던 기억이 뇌리에 남는다. 교무실에 앉아 실을 열심히 뜨다가 다시 처음부터 뜨개질을 시작해야 했던 안타까운 순간, 손이 정말 빠르셨던 교감선생님의 능력에 다들 놀라워했던 순간, 다양한 색깔의 실들을 각자 잡고 앉아 도란도란 있었던 그 때의 따스한 순간순간들도 좋은 추억이 되었다.

2017년도에는 목공, 댄스, 독서에 대해 삼삼오오 모여 활동을 했다. 이 중 내가 좋아하는 것은 독서에 관한 교사동아리였었다. 원래 책읽기를 싫어하진 하지만, 혼자 읽을 때보다 여럿이 같은 책을 읽고, 모여

(그 어느 한 의견도 같지 않은) 다양한 의견이 오고 가는 것을 듣는 것이 참 좋았다. 또한 좋은 글귀에 대해 말을 할 때도, 내가 골랐던 같은 구절들이 몇 개 나와서 그것이 참 신기하고 재미있었다.

또한, 교직원대상 댄스 동아리도 정말 기억에 남는다. 지인들에게 우리 학교는 교직원 댄스 동아리가 있다고 말을 할 때면, 대다수가 "정말이냐?"고 물을 정도로 나름 센세이션을 몰고 왔었다. 막상 실제로 첫 댄스 동아리를 하기 전에는 그 자체로 부담이 되었다. 그래도 갈수록 댄스 수업을 몇 회씩 받아보니, 강사님과 나와 댄스음악만 존재하는 것 같은 그 찰나의 생소한 느낌(몰입감)이 싫지 않고 좋았다. 심지어 치마를 입고도 댄스동아리에 참여하기까지 했으니, 짧았지만 강렬한 경험이 아닐 수 없다.

2018년도에는 탁구에 대한 교직원 활동이 예정되어 있다고 한다. 지사초 가족들과 함께 모여, 탁구를 배우면 얼마나 재미있고 유익할까 하는 생각에 벌써부터 설렌다. 탁구를 배우게 될 수도 있다고 부모님께 말씀을 드렸더니, 이 기회에 잘 배워놓으라고 하신다. 엄마랑 탁구게임을 할 수 있을 정도로 성장하여, 나와 같이 탁구장 다니고 싶으시다는 말씀이셨다. 나 또한 김칫국부터 먼저 마시며, 배우기도 전에 탁구게임을 하게 될 꿈부터 무럭무럭 키워나가지만, 그래도 그 기대에 행복하다.

여러 가지 활동을 하며, 학생들을 가르치는 데에 도움이 되고, 또한 학교 구성원 간에 소통을 더욱 북돋아주는 배움의 기회들이 있어 매일이 다채로운 하루가 되어간다. 또한 활력 넘치는 학교생활이 되어, 학교 가는 것이 기대된다. 그 과정에서 소중한 경험과 추억들이 쌓이는 하루가 되어감에 감사하다.

제8장

한 연구부장 선생님의 학교혁신 이야기

이승민

(지사초등학교 연구부장)

이야기 8-1.
위기에 처한 아이 가르치기

'가엾다', '걱정스럽다', '기특하다', '잘 자랐으면 좋겠다', '힘이 되어 주고 싶다', 그리고 '지저분하다', '냄새 때문에 괴롭다', '내 말이 영향력이 없나?', '모른 척 놔둘까?' 정훈이(가명)를 대할 때마다 나의 머릿속에서는 이런 생각들이 공존한다. 정훈이를 볼 때면, 정훈이 엄마 모습과 정훈이 집에서 울고 있을 소들이 떠오른다. 왜 지저분한 옷을 입고 등교하며, 왜 그런 냄새가 날 수 밖에 없는지 가슴으로는 이해가 된다. 그러나 4학년쯤 되었으면 적어도 자기가 입고 다니는 옷이 많이 지저분하면 갈아입어야 된다는 생각쯤은 할 수 있지 않을까 싶어 원망스럽기도 하다.

얼마 전 정훈이에게 옷을 사다 주면서 물었다. "3학년 때처럼 학교에서 옷을 갈아입는 것이 어떨까?"라고 말이다. 나는 단호하게 집에다 두고 잘 갈아입겠다는 정훈이의 대답에 더 말할 수가 없었다. 왜냐하면 나는 현재 정훈이의 담임교사도 아닐 뿐더러, 이제 4학년이니 등교해서 옷을 갈아입는 것에 더 자존심이 상할지도 모르겠다 싶어서였다. 새로 사 준 세 장의 티셔츠와 두 장의 바지가 있었기에 티셔츠는 이틀 이상 입지 않고, 바지는 사흘 이상 입지 않기로 약속도 했다. 그런데 그 약속은 나 혼자만의 것이었다.

지난 주 목요일부터 입고 있던 옷을 다음 주 화요일까지 입고 온 것을 보고, 정훈이를 살짝 불러서 말했다. 옷 상태를 보니 주말에 다른 옷을 갈아입었던 것은 아니었기에, 왜 5일이나 옷을 갈아입지 않았냐고 말이다. 그러면서 다음 날에는 다른 옷을 입고 올 것이라고 철썩 같이 믿었다. 그런데 총선일인 수요일이 지난 목요일에 등교하는 정훈이를 보고 나는 잠시 이성이 마비될 정도로 화가 났다. 내가 불러서까지 충고를 해 주었는데도 옷을 갈아입지 않고 나타났기 때문이다. 하얀 색깔 티셔츠가 회색에 가까워 보일 만큼 일주일을 넘게 입고 오는 것을 도저히 용납할 수 없었다.

이번에는 살짝이 아니라, 교실에 불러 놓고 문을 닫고 크게 화를 냈다. 지저분한 사람을 좋아해 줄 사람은 없다고 말하면서, 너의 옷을 보라고 호통을 쳤다. 정훈이 스스로가 충격을 좀 받아야 할 것 같다는 순간적인 판단에서였다. 그러자 혼이 날 때 늘 그러하듯 정훈이는 손가락을 뜯으면서 허공을 향해 눈알을 굴렸다. '내가 너무 심했나?'라는 생각이 든 순간이었다. '자존심을 상하게 하지 말았어야 했나?' vs '적당한 충격요법이었을까?', '3학년 때처럼 그냥 학교에 옷을 두고 갈아입히는

게 더 나을까?', '4학년 담임선생님 입장에서 불쾌하지 않으려면 내가 어느 정도까지만 관여해야 할까?'

이야기 8-2.
부진의 경험, 더딘 학생 다시 보기

분위기 잡고 앉아 통기타를 치며 노래를 부르는 낭만적인 나의 모습을 상상하며 그 상상만으로 혼자 흐뭇했던 때가 있었다. 그러나 현실은……. 올해 매주 한 번씩 교직원동아리에서 통기타를 배우기 시작하면서 나는 참 많은 생각을 하게 되었다. 유독 더 많이 아픈 기타 줄을 탓해 보기도 하고, 간간히 끼어있는 출장 때문에 참여하지 못하는 시간들을 탓해 보기도 했지만, 결국은 연습 부족과 인내심 부족임을 안다.

어쨌든 나는 기타 부진 교사이다. 부진의 경험을 하면서 나는 교실에서 학습 더딤을 겪고 있는 아이들의 입장을 다시 생각해 보게 되었다. 그리고 그들과 내가 다르지 않다는 것을 깨달을 수 있었다. 기타 동아리 시간은 참으로 빨리 다가온다. 그리고 한 시간 조금 넘는 그 시간은 왜 그리 길게 느껴지는가? 연산을 힘들어 하는 아이들에게 수학시간이 그렇지 않을까?

'이번에 배운 것은 꼭 연습을 많이 해 와서 다음 시간에는 우등생이 되어 봐야지.'라는 다짐을 몇 번씩 했지만, 실천이 너무 어렵다. 가장 우등생인 하영화 샘은 매일 점심시간에도 연습을 하는데…… 멋진 기타 소리가 나고, 코드를 잘 외우니 기타 연습도 즐거워 보인다. 나도 잘 하고 싶고 부럽기는 하지만 소리도 퍽퍽거리고 잘 못하니 재미도 없다. 그런 까닭에 기타학습에의 부익부 빈익빈 현상이 계속 누적되는 것 같다. 큰일이다.

교실에서 문제 해결 속도가 빠른 아이들은 계속 새로운 도전거리를 찾는다. 속도가 더딘 아이들이 기본적인 문제를 해결하는 동안 빨리 끝낸 아이들에게는 심화 학습지를 제공해 주며 나는 수준별 수업을 하고 있다고 생각했다. 그로 인해 더딤학생들이 더 좌절할지도 모른다는 생각은 하지 못하고. …… 내가 기타 부진을 경험한 이후부터 더딘 아이들이 상처받지 않도록 말 한 마디라도 더 하는 나를 보고 있다. 내가 기타에 몰입하지 못하는 이유를 들여다보니 '왜 해야 하는지?' 그 필요성을 느끼지 못하는 것 같다. 학습발표회에 찬조 공연은 연주 실력이 되는 선생님들이 하면 될 것 같다는 나름의 핑계를 찾다 보니, 나는 꼭 힘들게 하지 않아도 되지 않을까라는 생각이 든다. 만약 개인 공연을 해야만 한다는 강제성이 있다면 내가 억지로라도 연습을 하게 될지도 모르겠다.

우리 아이들도 '공부를 왜 해야 하는지?'에 대하여 생각을 하고 그 까닭을 스스로 찾게 된다면 억지로 시키지 않아도 필요에 의해 공부를

하지 않을까? 그나저나 나는 기타를 계속 해야 할 것인가? 교사로서
학생들에게 그들이 못하는 것, 싫은 것을 하라고 하는 것에 대한 생각
을 다시 해 본다.

이야기 8-3.
'혁신' 그 이름의 무게

작년 이 맘 때 즈음이었다. 지사초등학교를 '혁신학교'로 만들고자 시작했던 때. 특별히 달라질 것도, 특별히 신경 쓰일 일도 없을 것이라 생각했다. 그리고 이들과 함께라면 그 어떤 어려운 일도 잘 헤쳐 나갈 수 있을 것만 같았다. 그렇게 혁신학교는 시작되었고, 벌써 일 년이 흘러가고 있다. 혁신학교에서 혁신 업무를 담당하고 있다고 하면 사람들은 "힘들겠다"는 반응을 가장 많이 보인다. 그러나 나는 특별히 더 힘들지 않은 것 같아서 그것이 불편했다. 뭔가 내가 더 많은 일을 해야 하는 것이 아닐까 싶으면서도 그러지 않은 것 같은 도둑이 제 발 저린 그런 마음 말이다. 특별히 더 하는 일 없었지만, 혁신학교 업무 담당이라는 이유만으로 '혁신'이라는 말은 나에게 큰 부담이었던 것 같다.

그런 나에게서 '혁신'의 무게를 가볍게 해 준 일이 있었다. 5월 어느 날, 어떤 상황에서 ○○○ 선생님이 이야기 끝에 "이게 무슨 혁신인가?"

라는 말을 툭 던졌다. 그 말이 나에게는 '혁신학교 담당은 왜 제대로 하지 못하나?'라는 말로 들리면서 심장이 두근거리며 얼굴이 화끈지는 것을 느꼈다. 고민 끝에 ○○○ 선생님에게 찾아가 그 말이 서운했노라고 말했다. 그렇게 하는 것이 소통하는 것이라 여겼기 때문이다. 다행히 ○○○ 선생님과 나는 서로 기분 상하지 않게 이야기를 풀어냈던 것 같다. 그 후 ○○○ 선생님으로부터 솔직하게 이야기해 주어서 고맙다는 내용의 편지도 받았다.

이제야 고백하건대, 그 날 ○○○ 선생님이 아닌 나의 생각이 잘못된 것이었다. '혁신'은 우리의 것인데, 함께 생각하고 함께 결정했으면서 나는 감히 나의 '혁신'이라 여기고 혼자 그 무게를 과중하게 느끼고 있었던 것이다. 그 후부터 나는 '혁신'이라는 말에 얽매이지 않으려 하고 있다. 그리고 혁신학교의 성공의 첫 번째 조건은 '함께'여야 하는 것이라 믿기에 마음도 가벼워졌다. 그동안 우리는 어떤 시간들을 보냈으며, 잘 해 가고 있는 걸까? 이제 곧 올해를 반성해야 하고, 새로운 해에 대한 계획을 세워야 하는 때이다. 우리가 함께 해 왔기에 가능했던 많은 일들과, 앞으로 나아갈 길에 대한 이야기를 함께 나눌 우리가 있어서 참 다행이다.

이야기 8-4.
스스로 선택한다는 것

여름방학 전 업무관리시스템 게시판에서 '임실 청소년 UCC 대회' 안내 공문이 내 눈에 띄었다. 이 공문이 나에게 배정된 문서도 아닌데, 내 눈을 사로잡았던 까닭은 '임실'과 'UCC' 두 단어가 있었기 때문이었다. 일단, 임실군 대회라면 초보 실력으로도 도전해 볼 만하겠다는 생각이 앞섰고, UCC는 실과시간 정보 분야를 실제로 필요한 무엇인가를 생산해 내는 것과 연계하여 지도할 수 있겠다 싶은 생각에서였다. 5, 6학년군이 함께 하면 어떨까 하여 6학년 선생님과 의논을 한 후, 5, 6학년 학생 6명을 불렀다. 교사만의 의지로 시작했다가는 결국 교사만 애태우며 교사의 생각대로 진행될 우려가 있으므로, 그러지 않기 위해서 아이들의 의지가 있는지 여부를 파악하기 위해서였다. 사진과 동영상의 등장인물이 학생 자신들임을 안내해야 했으며, 사진이라면 질색하는 아이들의 동의도 구해야 했다. 내심 아이들이 싫은 내색을 하면 어떤 당근으로 설득을 해 볼까 생각도 하고 있던 터였다.

그러나 나의 예상과 달리 아이들이 의외로 흥미를 보이며 만장일치로 하겠다고 하였다. 신청서를 제출해야 하니 어떤 내용으로 할 것이며, 팀 이름은 무엇으로 할지, 대표는 누구로 할지 의논하라 했더니 짧은 시간에 아이디어들을 내어 놓았다. 그렇게 우리는 9월 23일까지 제출해야 하는 UCC를 7월 초부터 준비하게 되었다. 내가 그러했듯이 아이들도 스스로가 해 보겠다고 해서인지 기대했던 것 이상으로 적극적으로 참여하였다. 7월에는 주 1회 2차시를 통합하여 UCC에 들어갈 내용을 콘티로 작성하느라 시간을 보냈다. 교사들의 눈에 좀 허술해 보여도 아이들 스스로 내용을 채워 나갈 수 있도록 기다려주는 것이 관건이었다. 운이 좋게도 대회의 주제가 우리 마을에 대한 내용이어서 아이들은 주저하지 않고, 그린터치아이에서 알게 된 우리 지사마을의 문화재에 대하여 소개하는 UCC로 방향을 잡고 별 무리 없이 내용을 채워 나가고 있었다.

2학기 개학 후, 5, 6학년군 감성동아리 수업-역사, 문화 분야와 연계하여 직접 현장에 찾아가서 사진을 찍을 때는 아이들이 의상을 대여해 달라고 요청하는 적극성까지 보였다. UCC를 만드는 작업을 하는 동안 아이들은 내내 즐겁게 참여하는 모습이었고, 그 결과로 수상까지 하게 되어 아이들도 교사들도 얼마나 기쁜지 모른다. 이번 경험을 통해 나는 앞으로 학생들이 스스로 무엇인가를 이루어 나갈 수 있도록 믿고 기다려 주는 교사가 되겠다고 다짐해 본다.

이야기 8-5. 학생 자치의 가벼운 첫걸음:
"학생의, 학생에 의한, 학생을 위한 체험학습을 다녀오다"

혁신학교를 시작하면서 가장 어려운 과제로 와 닿았던 것이 '학생 자치'였던 것 같다. 어떻게 하면 학생자치가 잘 이루어질 수 있을까하는 고민은 교사 모두의 고민이었다. 전교생의 수가 적은 것보다 전교생 수 대비 고학년(5, 6학년) 수가 적은 것이 학생 자치 활성화에 더 걸림돌이 되는 것처럼 여겨졌다. 게다가 작년 열 명의 선배들의 드센 기에 눌려 자기의 주장을 제대로 펼쳐본 적 없던 5, 6학년 여섯 명이었다.

우리(5, 6학년 담임교사)는 학생 자치의 첫 번째 목표를 학생들 스스로 계획을 세워 현장체험학습이 이루어지는 과정에서 자치의 기쁨을 맛보게 하는 것 정도로 하여 학생 자치의 실현을 꾀하고자 하였다. 1박 2일 체험학습을 위해서는 학교운영위원회의 심의를 받아야 하였기에, 학운위 안건 상정을 위해 계획을 수립하기 전 아이들에게 서울에 가서 1박 2일 동안 우리가 체험할 프로그램을 기획하도록 하였다. 서로 다른 의견이 나올 때에는 다수결로 정하기도 하고, 필요 경비나 이동거리, 대중교통 수단 등에 대한 것도 함께 생각해야 하는 것이어서 제법 오랜 시간을 들여 계획을 세웠더랬다. 그렇게 만들어진 계획이 포함된 내용으로 학운위가 개최되던 날, 행정실의 협조로 아이들이 학교운영위원회의 모습을 참관할 수 있는 기회까지 가졌다. 그 날, 아이들은 "우리가 말한 내용들이 이렇게 선생님들과 부모님들 회의에서 발표되는 것이 신기하고 뿌듯하다"는 반응을 보였다.

그렇게 첫 단추가 끼워진 체험학습을 실제로 떠나던 닐, 우리 교사들은 학생들에게 지하철 노선도 스스로 찾아 목적지까지 가기를 주문하였다. 경복궁-청와대-명동 숙소-남산타워까지의 1일차와 롯데월드, 용산역을 거쳐 ktx 남원역까지 도착해야 하는 2일차 일정까지 소화해내면서 아이들은 지하철 노선과 환승에 대한 노하우까지 생긴 것 같았다. 그러던 중, 지하철 배차 시간을 고려하지 않은 환승 계획으로 인해 ktx 탑승 시간까지 변경해야 하는 일도 있었다. 하지만 그 또한 배움의 연속이었다. 그야말로 학생의, 학생에 의한, 학생을 위한 체험학습이 된 것이다.

서울로의 1박2일 체험학습을 위해 교사 주도의 평소 현장체험학습과 비교했을 때 서너 배 더 많은 교사들의 에너지가 필요했던 것 같다. 그냥 버스 대절해서 움직이는 체험학습이 얼마나 편한지 절감하는 시간들이기도 했다. 하지만 체험학습을 다녀온 후 '아주 뜻깊었고 오랫동안 기억에 남을 것 같다'는 아이들의 말에 그 동안의 고생도 잠시 잊혀지는 듯 했다. 그렇다면 다시 시도할 수 있을까에 대한 대답은... 아무튼 체험학습 이후 우리 아이들에게서 긍정적으로 변화된 모습들이 엿보인다. 서로의 관계가 더욱 돈독해졌으며 자신들이 낸 의견들이 현실화되는 것을 경험한 이후 보다 책임감 있는 발화를 하게 된 것이다. 이러한 작은 변화들만으로도 혁신학교 첫 해를 보내며 학생 자치 실현을 위해 떼었던 가벼운 첫걸음은 성공적이었다고 생각한다. 앞으로 어떻게 유지하고 발전시킬 것인지에 대한 과제를 남겨두고.

이야기 8-6.
부모의 역할 & 교사의 역할

4학년 세 아이들과 만나 생활한 지 두 달이 다 되어간다. 작년까지 이 아이들의 담임이 아니었을 때, 나에게 이 학년은 매력 있는 학년이 아니었다. 오히려 조금은 걱정스러운 학년이었다. 그 까닭은 세 명 중 두 명의 학생이 가정과의 소통이 어렵다는 것을 알았기 때문이다. 아빠, 새엄마와 살다가 1학년 2학기 때 다시 돌아와 할머니, 할아버지와 살고 있는 영길(가명)이, 다문화 가정에서 4남매 중 둘째인 정민(가명)이. 이 둘은 담임이 되기 전부터 나에게 큰 무게로 다가왔다. 하지만 나는 불과 한 달도 지나기 전에 금사빠(금방 사랑에 빠지는 사람)임을 깨달았다. 둘째를 낳기 전 첫째보다 더 좋을 수 있을까 했으나, 둘째가 태어나자 첫째가 찬밥이 되었던 것과 비슷한 느낌이었다.

엄청 똑똑하진 않지만 설명하는 것을 이해할 줄 알고, 그다지 점잖지는 않지만 선생님 말씀을 겁낼 줄도 아는 아이들이라 더 정이 가는 듯하다. 하지만 정이 가고 사랑스러운 이 아이들은 나로 하여금 교사로서 지켜오던 신념을 깨도록 만들었다. 숙제는 필요 없으며, 가정에서는 쉬거나 가벼운 마음으로 독서할 수 있도록 해 주는 것이 옳다는 나의 교육적 신념은 영길이와 정민이를 보면서 흔들리기 시작했다. 집에서는 가방을 열어보지 않는지 오래된 가정통신문까지 가방 속에 고이고이 모아둔 영길이, 밤이 늦도록 스마트폰 게임을 하느라 늦게 잤다며 졸린 눈을 비비는 정민이의 모습을 통해 짐작할 수 있는 것은 보통의 가정에서 부모님으로부터 잔소리를 듣는 일반적인 아이의 생활과는 분명 다르다는 것이었다. 그리하여 이 아이들이 집에서 가방이라도 열게 하고, 독서가 아니면 숙제라도 하는 습관을 기르도록 해야겠다고 생각하게 되었다.

그래서 나는 매일 '맞춤법 따라 쓰기'와 '수학 문제 풀기' 숙제를 내기로 했다. 그리고 매일 숙제 검사를 하고, 틀린 문제 설명 및 다시 풀기에 거의 매일 수업시간 중 일부를 할애하다 보니 아이들의 실력은 향상되는 것 같긴 하지만, 계획된 교육과정 운영과는 차이가 나므로 이렇게 해도 괜찮은가 싶은 생각도 든다. 그리고 여전히 평일과 달리 주말이 지나고 올 때면 숙제를 해 오는 양이 확연하게 적은 영길이와 정민이를 보고 있자면, 그들의 집에서의 생활이 상상이 되면서 답답한 마음과 안쓰러운 마음이 드는 것도 사실이다. 우리 영길이나 정민이처럼 조손가정이나 다문화가정의 아이들은 아무래도 가정에서의 돌봄이 일반 가정보다는 부족한 것 같다는 것은 나의 편견인 것일까? 과연 아이들의 가정에서의 저녁시간, 주말시간 보내는 모습을 짐작하면서 교사가 숙제를 내어 공부하게 하는 것이 아이들에게 도움이 되기는 할까? 나는 계속해서 고민할 것이다. 학교에 있는 또 다른 엄마로서의 역할과 교사로서의 역할 사이에서…….

이야기 8-7.
우리 학교 학생에게 이성교제는?

2010년 서울시립 '아하! 청소년성문화센터'가 조사한 바에 따르면, 초등학교 6학년 학생 중 이성교제 경험이 있는 아이가 30%라고 한다. 거의 세 명 중 한 명꼴이니 꽤 높은 수치이다. 특히 성별로는 여학생(10명 중 4명)이 남학생(10명 중 1.5명)보다 비율이 좀 더 높았다고 하는데 이는 여자 아이들이 더 빨리 성숙해지고 자연히 이성교제에 대한 관심도 더 많기 때문일 것이다.

2017년 5월 현재 우리 지사초등학교에도 핑크빛 바람이 불고 있다. 4~6학년 13명(여학생 6명, 남학생 7명) 중 세 커플이 있으니 거의 50%에 가깝다 할 것이다. 지난 주, 정민이의 스마트폰 사용 지도를 하다가 카톡 대화 내용을 통해 그 동안 몰랐던 두 커플에 대해 새롭게 알게 되었다. 기존에 6학년 남학생과 5학년 여학생의 교제는 교사들도 알고 있고, 아이들 사이에서도 알려져 있었으나, 카톡 대화를 통해 알게 된 두 커플은 나에게 다소 충격을 주었다. 6학년 여학생과 5학년 남학생, 5학년 여학생과 4학년 남학생. 어떤 면으로도 어울릴 것 같지 않은 이 두 커플의 형성은 불과 한 달도 되지 않은 듯 보이고, 이로 인해 얼마 전 여학생들 간의 문제도 불거진 것이 아닌가 짐작도 되었다.

어리게만 보이는 정민이가 카톡에서 '내여친'과 나눈 대화를 보고 있자니, 이 아이들에게 이성교제는 어떤 의미일까 궁금해졌다. 그래서 찾아 본 초등상담연구에 게재된 '초등학생들의 이성교제 경험과 그 의미(선영운, 2013)'에서는 초등학생들의 이성교제 경험에는 〈아무리 좋아도 내 자존심이 먼저〉, 〈둘만의 어색함 피하기〉, 〈수단으로서의 이성교제〉, 〈이성과의 유연한 사교를 위한 자원 습득의 과정〉 등의 의미가 담긴 것으로 해석된다고 하였다. 어제의 친구가 오늘의 연적이 되기도 하고, 어제는 동생이었던 아이가 오늘의 남자친구가 되기도 하는 우리 학교 학생들에게서의 이성교제는 아이들에게 어떤 경험과 의미인지 잘 살펴봐야 하겠다.

평소 엄마차로 등교를 하던 정민이가 얼마 전부터 스쿨버스로 등교하기 시작했다. 되짚어 보면 스쿨버스 등교 시작이 교제의 시작 무렵과 일치함을 알 수 있다. 그리고, 정민이 카톡 속의 '09여친님'과 '내 여친'의 사이가 급격하게 좋아짐으로써 다른 여학생들이 힘들어진 시기 또한 일치한다. 이 아이들이 서로 긴밀해진 만큼 다른 아이들은 이로 인해 소외감을 느끼게 되었기 때문일 것이다. 나는 스마트폰 검사 후 정민이에게 별다른 말을 하지는 않았다. 다만, 온라인 상에서 남긴 글은 내가 지우더라도 다른 사람들에게는 그대로 남아 있을 수 있으니, 남에 대한 좋지 않은 이야기는 하지 말라는 정도로만 조언하였다.

아이들의 교제 사실을 알고 난 뒤, 내 눈에 그들만의 무언의 대화가 포착된다. 아직은 지켜봐 주어야 할 시기인 것 같지만, 가까운 시일 안에 4, 5, 6학년 학생들을 대상으로 초등학교 학생들의 이성교제에 대한 찬반 토론을 해 보도록 하여, 서로의 의견을 나눌 수 있는 장을 마련해 주는 것도 좋을 것 같다는 생각이 든다.

이야기 8-8.
칭찬은 고래를 춤추게 할 수 있을까?

칭찬은 고래도 춤추게 한다고 했던가? 스탠포드 대학교의 캐롤 드웩 (Carol Dweck) 교수에 의하면 아이들에게 똑똑하다며 지능에 대한 칭찬을 계속적으로 하게 되면 아이가 도전과 모험을 하지 않는다고 한다. 그리고 뉴욕대학교 정신의학과 교수 주디스 브룩(Judith Brook)은 칭찬은 아이들이 지닌 기술이든 재능이든 진실한 것에 기초가 되어 칭찬을 해야 하며 지나친 칭찬은 오히려 아이들의 동기를 왜곡시키며, 진심 어린 칭찬까지도 폄하하게 된다고 하였다. 나는 이러한 이유를 핑계로 아이들에게 칭찬이 참 인색한 교사였고 엄마였던 것 같다. 우리 아이가 나의 칭찬으로 인해 자만하게 될까봐 그것이 걱정이었던 것일까? 칭찬을 말로 해 주지 않아도 나의 마음을 알아주리라 믿었던 것일까?

이러했던 내가 올해는 아이들에게 거의 매일 칭찬을 하고 있다. 아이들에 대한 기대가 낮았기 때문이었을까? 숙제를 해서 가져오는 것에도

"우와~ 숙제를 해 왔네"라며 칭찬을 하고, 안내장 회신을 세 명 모두 가져오면 "이렇게 한 명도 안 빠지고 가져오는 반은 우리 반 밖에 없을 걸?"하며 폭풍 칭찬을 하기도 한다. 수학 문제를 풀 때에는 10문제 중 7~8문제만 맞추어도 "이 정도 실력이면 경시대회에 나가도 되겠다"며 과장된 칭찬을 하기도 한다. 처음에는 집에서 보살핌을 많이 받지 못하는 것 같아 안쓰러운 마음에 기를 좀 살려 주고 싶어서 시작한 칭찬이었는데, 한 학기가 지난 지금 의외의 효과로 아이들이 생활과 학습 면에서 미약하게나마 긍정적인 방향으로 성장하고 있는 것 같다. 물론 다른 요인들도 있겠지만······.

칭찬하기와 야단치기가 제대로 조화를 이룰 때 비로소 바른 교육이 이루어질 것이다. 그러나 여태껏 나는 어떠한 기준을 정해서 거기에 도달하지 않으면 야단치기에 더 비중을 두는 교사이자 엄마였음을 반성해 본다. 해서는 안 될 일을 가르치는 것보다 하면 좋은 일을 알도록 칭찬을 자주 하면 우리 아이들이 매사에 보다 더 적극적인 성격을 가지게 되지 않을까 하는 생각도 든다. 칭찬이 아이를 바르게 이끄는 가장 좋은 방법일지는 모르지만, 매우 훌륭한 방법인 것만은 틀림없다. 게다가 칭찬을 하고 있는 나 또한 칭찬을 하고 있는 동안만큼은 아이를 더 이해하려고 하고 마음의 여유가 생기니 '아이들에 대한 나의 칭찬'은 나와 아이들 사이의 윤활유도 될 수 있는 것이다. 다음에 다른 아이들을 만나면 내가 또 다른 어떤 교육적 접근을 하게 될지 모르겠다. 하지만,

나는 지금의 경험으로 인해 앞으로의 교직생활에서 칭찬하기를 야단치기보다는 조금 더 많이 하게 될 것 같다. 칭찬이 고래를 춤추게 해 주기를 바라며…….

이야기 8-9.
나의 경험에 비추어 보게 되는 아이들

#첫 번째 이야기

초등학교 3학년 때의 일이다. 당시 아버지 사업의 갑작스런 부도로 시
내 중심가에 있던 집이 경매로 넘어가게 되어 변두리 쪽으로 이사를 하
게 되어 전학을 가야만 했다. 열 살이었던 나는 평소 나를 예뻐해 주셨
던 담임선생님이 나처럼 슬퍼해 줄 것이라 생각했다. 전학 가기 전날,
수업을 마친 후 나에게 교실에 남아 있으라는 선생님의 말씀은 이별 선
물을 주기 위한 것이 아닐까 기대했었다. 그러나 그것은 그저 기대였을
뿐이었다. 선생님은 내가 썼던 통일글짓기 작품과 연필, 지우개를 나에
게 내미셨다. "잘 쓴 글인데, 어차피 승민이 너는 전학 갈 거니까 너랑
친한 ○○이 이름으로 좀 고쳐 쓰자." 뭔가 기분도 나쁘고 답답했지만
선생님의 말씀을 거절할 수 있는 용기가 없었던 나는 선생님 지시대로
이.승.민 세 글자의 흔적이 남지 않게 힘주어 지우고, 친구 이름 세 글자

를 꾹꾹 눌러 썼다.

#두 번째 이야기

내가 초등학교 다니던 시절에는 새 학년이 되면 교실에 필요한 물품들을 가정에서 준비해 가져왔던 기억이 있다. 4학년 때, 낮은 톤의 위엄 있는 목소리를 가진 남선생님께서 칠판에 시계, 거울, 커피 잔, 화분, 구급약상자, …… 등을 주욱 적어 놓으시고는 가져올 수 있는 사람은 손을 들라고 하셨다. 분위기상 한 번은 손을 들어야 했다. 집 안 사정이 어려워 다른 아이들 보다는 철이 빨리 든 탓에 나는 하나씩 쭈욱 훑어 본 후 구급약상자로 정했다. 집에 있는 밴드, 솜 등 몇 가지만 빈 상자에 넣어서 가져가면 엄마 걱정시키지 않고 가져갈 수 있을 것 같았기 때문이다. 하교 후, 한 살 많은 언니와 함께 약국에 가서 캔 소재의 빈 상자를 하나 구해 사라진 것이 표시 나지 않을 만큼만 집에 있는 약품들 몇 가지를 챙겨 다음날 학교로 가져갔다. 선생님께서는 상자와 나를 번갈아 쳐다보시고는 모두가 들을 수 있는 큰 목소리로 다른 친구에게 "엄마한테 이런 것 말고 플라스틱으로 되어 있는 파는 구급약상자 하나 사달라고 해서 가져와"라고 말씀하셨다. 나는 나를 볼 수는 없었지만, 얼굴이 화끈거리는 것을 느낄 수 있었다.

#지금 나는 선생님이다

나는 교실에서 부유하거나 가정의 지원을 잘 받을 수 있는 아이들보다 가정의 보살핌이 없는 아이들을 편애하고 있는지도 모르겠다. 늘 조금 부족한 아이들이 마음에 쓰이고 안타까운 것은 어릴 때의 나의 경험 때문일 것이다. 하지만, 그래서 아이들에게 고진감래를 이야기해 줄 수도 있으니 어쩌면 다행일까?

이야기 8-10.

가랑비에 옷 젖는 줄 모르고,
작은 물방울이 바위에 구멍을 뚫는다

영길(가명)이의 담임교사가 된 지 어느덧 1년이 다 되어 간다. 처음에 영길이는 나에게 이런 아이였던 것 같다. '귀엽게 생긴 아이', '어른들과 이야기하기를 즐겨하고 선생님을 귀찮게 하는 아이', '조손가정의 아이', '잡학다식한 아이', '정훈(가명)이를 괴롭게 만든 아이', '자주 거짓말을 하는 아이' ……. 돌아보면 나는 긍정적인 면보다는 부정적인 부분을 더 부각시키며 영길이를 바라보고 있었다. 그래서 영길이가 3월에 저녁돌봄을 신청하지 않았을 때, 걱정하기보다는 다행이라 생각했었다. 아이들에게는 "긍정적인 생각으로!"를 외치면서 정작 나 자신은 그러지 못했었다.

영길이는 매일 하교 후 스쿨버스를 타고 집으로 돌아갔다. 할머니는 동네에 품을 팔러 가고 없었을 테고, 할아버지는 인화학교(학력 인정 초중고 통합학교)에서 집으로 돌아오지 않으셨을 것이다. 집에 가서 가방을 벗어던진 영길이가 TV를 보고, 인터넷을 켜서 컴퓨터를 하는 것은 어쩌면 당연한 일이었는지도 모르겠다. 할아버지가 집으로 돌아오셔서 식사를 하실 때, 영길이는 저녁밥을 먹지 않는다. 학교 돌봄교실에서 간식을 먹기도 했고, 할아버지의 밥상 위 반찬이 마음에 들지 않기 때문이다. 그렇게 밤 9시가 될 때까지 영길이는 하고 싶은 것을 하다가 배가 고파지면 할머니께 라면을 끓여 달라고 한다. 할머니, 할아버지와 한 방에서 지내는 까닭에 저녁에는 드라마를 보거나 헤드셋을 쓰고 게임을 하다가 잠이 든다.

매일의 일상이 이러했다. 그런데 담임이었던 나는 밖에서 뛰어 놀다가 할머니가 해 주시는 따뜻한 밥을 초저녁에 먹고, 내가 내어준 숙제를 적당히 한 후 씻고 새나라의 어린이처럼 잠이 들고 있는 생활일 것이라고... 그래야 한다고 생각했었다. 그래서 숙제를 해 오지 않은 영길이를 나무라기만 했지, 그 생활 깊숙한 곳을 살펴보고 어루만져줄 생각을 하지 못했다. 그러는 동안 가랑비에 옷이 젖듯이 영길이는 점점 더 온라인 속의 세상으로 빠져들었던 것 같다.

2학기에 별풍선 사건(아프리카 TV 관련 에피소드)을 겪고 나서야, 나는 영길이의 삶 속으로 들어가 볼 수 있었다. 11월의 찬바람이 방으로 들어오도록 방치되어 있던 깨진 창문, 잘잘못은 가리지 않고 무조건 감싸주시던 할머니, 몸이 불편해서 영길이에게 통장까지 맡기신 할아버지……. 일련의 상황 속에서 영길이가 이해가 되기도 했고, 원망스럽기도 했다. 그렇지만 전화위복이라고, 별풍선 사건은 할아버지, 할머니를 변하게 했고, 영길이를 변하게 했다. 여전히 TV도 보고, 핸드폰, 인터넷 게임을 하겠지만, 다른 아이들처럼 할아버지로부터 적당한 간섭을 받게 되었다는 점이 참 다행스럽다. 그리고 지은 죄가 있어서인지 요즈음은 숙제도 조금씩이라도 해 오려고 노력하는 모습이다.

작은 물방울들이 꾸준함으로 바위에 구멍을 뚫을 수 있다는 것을 영길이가 느끼도록 해서 작은 노력이라도 꾸준히 할 수 있도록 해 주는 것이 남은 기간 동안 영길이 담임으로서 내가 해야 할 일일 것이다.

제9장
한 혁신학교 경력교사의 학교 이야기

하영화
(지사초등학교 교사)

이야기 9-1.
나는 나비!

2004년 임실에서 나는 선생님으로 첫 발을 내딛었다. 그리고 10년을 돌고 돌아 다시 임실 지사에서 또 다시 교직생활을 시작하게 되었다. 신규시절의 난 대부분의 선생님들이 그러하시겠지만 열정이 넘치고 무엇이든지 하고픈 나이였다. 아이들과 소통이 안 되어 술 한 잔 기울이며 선배 선생님들과 열띤 토론(아이들은 선한 존재인가, 악한 존재인가)을 하기도 하고, 내가 선생님으로서 미래가 있는지 고민하면서 신규교사 시절을 보낸 것 같다.

결혼을 하고 어느 정도 교직 생활에 익숙해질 때쯤 다시 새로운 도전을 하고 광주로 떠났다. 솔직히 이 시절 잃었던 것들도 많이 있지만, 굳이 의미를 부여하자면 내가 더 단단해지고 세상을 알게 되었다는 것이다. 그 시절을 후회하지 않도록 계속 의미를 부여하는 중이다. 광주에서 일폭탄도 맞아보고 인생의 바닥을 치면서 다시 전북으로 돌아오면서 많은 생각을 하게 되었고, 신규 교사로 다시 시작하는 느낌이었다. 하지만 안타깝게도 새로 시작한 나의 모습은 여유가 없고 항상 조바심을 느끼는 모습이었다. 다행스럽게 휴직 1년 동안의 재충전의 시간을 갖고 조금은 다른 모습으로 돌아올 수 있었던 것 같다.

새로운 시작, 나는 10여 년만에 교육과정 재구성을 하고 전체 교육과정을 내 머릿속에 그려 넣고 새 학기를 시작하게 되었다. 아이들과 활동 계획을 함께 세워보고 학부모와 소통을 하면서 3월을 보냈다. 내 업무와 학급 교육과정과 전체 행사가 맞물려 돌아가는 프로젝트 활동은 뿌듯한 경험임과 동시에 부끄러운 나의 고백이며 또한 앞으로의 희망 찬가이다. 나는 지금 번데기다. 10여 년 전에는 애벌레였고 멋진 나비가 되어 날기 위해 번데기 안에서 몸부림치고 있는 번데기……, 학교와 가정에서의 위태로운 줄다리기를 하며 두 가지 모두 놓치기 싫어하지만, 결국 한쪽으로 치우치게 되는 상황에 수없이 놓인 번데기 선생님. 내 학급을 경영하는 일, 내 가정을 꾸려나가는 일……, 어느 하나도 쉽지 않고 번뇌와 고민의 연속인 것이지만 이 또한 지나갈 것이다. 또 지쳐서 쓰러지기도 하겠지만 다행인 것은 주저앉지는 않을 것이라는 나 자신에 대한 믿음이 있다는 것이다.

비록 언제쯤 나비가 될 수 있을지, 그런 날이 오기는 할 것인지 아무도 알 수 없지만 노력해 나가는 과정 자체가 아름답고 행복한 일일 것이다. 그리고 나와 함께 번데기 안에서 꿈틀거리는 우리 학교 식구들,

그리고 가족이 함께 하기에 가능할 것이다. 이제 우리는 출발했다. 다시 출발점으로 돌아갈 수는 없다. 뒤처지는 사람이 있다면 함께 쉬면서 저 멀리 있는 목표를 향해 달릴 것이다. 우리는 혼자가 아니기에 행복하다.

이야기 9-2.
본능이 살아있는 세계

나는 지금 여섯 명의 아이들을 키우고 있다. 학교에서 다섯, 집에서 하나. 그런데 9살의 아이들을 키우는 것이 생각보다 정말 힘들다. 그리고 아이들이 두렵다. 오늘은 또 어떤 일들로 내 속을 뒤집어 놓을지……. 학교에서 다섯 아이들과 지내면서 자연스럽게 아들을 떠올리게 된다. 나를 가장 큰 시험에 들게 하는 우리 아들과 굉장히 비슷한 우리 반의 한 아이 A가 있다. 우선, 두 아이 모두 가정환경이 비슷하다. 외동아들. 그래서인지 두 아이 모두 사회성이 부족하다. 자신의 감정을 친구들에게 자연스럽게 전달하지 못하고 혼자서 참거나 우는 경우가 많다. 그래서 두 아이에게 같은 충고를 계속 하고 있다. 너희의 감정을 말하지 않으면 아무도 알 수가 없으니 말로 표현해야 한다고.

머칠 전 A가 울면서 화장실로 들어갔다는 다른 아이의 말을 듣고 걱정이 되어 찾아다녔다. 화장실 앞에서 소리 내어 부르는데도 아무런 기척이 없었다. 한참을 기다리다가 A를 보게 되었는데 내가 들은 이야기는 정말 나를 힘 빠지게 했다. A가 저녁 돌봄을 부모님의 사정으로 하루만 하게 되었는데 다른 아이가 그것을 잘 모르고 돌봄 교실에 있지 말고 나가서 기다리라고 했다는데 그것이 서러웠나보다. 어른인 나의 입장에서는 그냥 말로 상황을 설명하면 될 텐데 답답함을 느꼈다.

오늘 저녁 집에서 또 비슷한 상황에 처하게 되었다. 우리 아들이 학원에서 울었다고 했다. 치밀어 오르는 화를 누르며 인내심을 갖고 이유를 물었다. 자신이 어떤 활동을 늦게 했는데 친구가 꼴등이라고 놀렸다고 했다. 기어코 내 속이 뒤집어졌다. 아들은 아무런 말도 못하고 혼자서 엎드려 울었다는 것이다. 두 아이의 상황 모두 처음에는 이해가 되지 않고 답답하고 속이 상했다. 하지만 내 입장이 아닌 아이의 입장에서 생각해보고자 노력했다. 당당하게 자신의 생각을 말할 수 없는 분위기……, 친구들 간의 보이지 않는 계급…….

학급에서 나는 친구들 간의 계급을 어느 정도 인정해주고 지켜봐주고 있는 편이다. 이것이 남자의 본능이며 사회에서도 이어지고 있는 중요한 특성이라고 생각하기 때문이다. 하지만 약한 계급의 아이들이 부당한 대우를 받는 것은 그냥 넘어가지 않는다. 우리 아들의 모습이 투영된 것도 큰 이유이다. 아이들에게 항상 강조하며 이야기를 한다. 인간과 동물의 차이점. 모든 사람들은 자신보다 약한 사람들을 아끼고 배려해야 우리들이 사는 세상에서 모두가 행복할 수 있지 않을까……. 함께 생각해볼 수 있는 시간을 가져보고 이야기를 나눈다. 어른들의 세상에서도 이런 모습이 더 많아져 아이들에게 전해지기를 간절히 바라보면서. 우리 아이들이 살아갈 세상은 더 따뜻한 세상이길 기도해본다.

이야기 9-3.
풀꽃도 꽃이다

조정래 작가의 신작을 읽었다. 새로운 내용도 아니지만 읽는 내내 한숨을 내쉬었다. 내 여동생은 나보다 여섯 살이나 적어서 어렸을 때부터 내가 공부도 시키고 용돈도 주면서 키웠다. 내가 대학생이 되던 해에 중학생이 되었으니 나의 걱정거리가 많았다. 혹시나 학교에서 왕따를 당하지는 않을지……. 키도 커서 선배들의 눈에 띄어 괜한 일에 휘말리지는 않을지……. 우리 어머니도 하지 않은 고민을 내가 했던 것 같다. 안타깝게도 나중에 커서 동생에게 들어보니 가정형편으로 옷을 자주 사 입지 못해 아이들 사이에 힘든 적이 있었다고 했다.

다행히 나는 학창시절 왕따, 은따로 고민하거나 힘들지는 않았던 것 같다. 활발한 성격은 아니어서 친구에게 크게 관심이 없기도 했지만, 아이들 사이에서 소외되거나 묵살되지는 않았던 것 같다. 오히려 아이들이 먼저 챙겨주고 먼저 다가와 주었다. 또래 아이들의 세계에서 소외되거나 무시되지 않으려면 어떻게 해야 할까? 우리 아이들과 내 아이를 생각하며 자주 생각하곤 한다. 공부를 잘 하거나, 특히 남자아이들은 운동을 잘 하거나, 말을 아주 잘 하거나, 다른 사람을 웃기는 재주가 있거나... 공통된 것은 자신만의 무언가 잘 하는 점이 드러나면 그리할 수 있는 것 같다.

우리 반 아이들을 살펴보면, 그 문제가 서서히 드러나고 있다. 아는 것이 많고 똑똑한 A는 유치원 시절에는 아이들을 주도했으나 점점 자라면서 운동능력이 뛰어나고 행동이 재빠른 B가 아이들을 주도하게 되었다. 그리고 2학년이 되어 다시 A가 아이들 사이에서 영향력이 커지는 것이 보인다. 요즘 내가 가장 신경 쓰고 있는 아이는 C이다. 생각이 4차원이고 자신만의 생각에 빠져있어 모든 활동에 조금씩 늦는 경향이 있다 (우리 아들과 많은 점이 겹쳐서 더 안쓰러운 마음으로 살펴보고 있다). 그래서인지 아이들 사이에서 조금씩 뒤처지고 있는 게 느껴진다. 이번 현장체험학습을 가서도 아이들과 함께 다니지 못해 내가 같이 다니거나 선배들과 내가 직접 짝을 지어주어 함께 다니도록 부탁을 해 주었다.

이 C의 가장 큰 문제는 아이들과의 소통이 원활하게 되지 않는다는 것이다. 교사의 설명은 잘 듣지 않고 있다가 활동을 할 때마다 놓치는 부분이 많이 있으니 주위 친구들이 챙겨주다가도 한 번씩 신경질을 낸다. 주위 친구들의 마음도 이해가 되어 나는 C의 마음을 다독이는 정도로만 관여하고 있다. 우리 아들도 내일 현장체험학습을 간다. 1학기에는 친구들과 함께 하지 못하고 혼자서 놀이기구를 탔다고 말하면서 집에 와서 혼자 눈물을 흘렸다. 물론 놀이기구를 타다가 심하게 체해서 선생님과 쉬어서 더 놀지 못해 속상함에 흘린 눈물이었겠지만 엄마 입장에서는 참으로 속상한 일이었다. 내일도 친구들과 함께 다니자고 이야기를 나누어 보았냐고 물었더니 아직이라고 한다.

물론 혼자 씩씩하게 다니는 것도 나쁘지는 않다. 우리반 C도, 우리 아들도 자신이 만족하며 즐겁게 지낸다면. 혹시나 앞으로도 계속 다른 사람들과 소통하는 것이 힘들어질까 안절부절 못하는 어른의 입장에서 걱정이 많아지는 것이다. 나와는 다름을 서로 인정해주는 모습을 아이들이 가져주기를, 그리고 조금만 더 자신만의 세계에서 밖으로 나와 소통해 주기를 우리 아이들에게 바라본다.

이야기 9-4.
혁신 학교 중간 점검! 행복의 나라로 가는 길

며칠 전 혁신학교 컨설팅을 했다. 우리가 가고 있는 길을 다시 생각해 볼 수 있었다. 우리 학교의 혁신은…… 성공 진행 중이라고 감히 말해본 다. 첫째, 우리 아이들이 웃는다. 가끔은 내 엄한 가르침으로 굳은 표정 이기는 하지만 …… 둘째, 학부모, 교직원이 웃는다. 셋째, 내가 행복하 다. 그렇다면 우리는 어떻게 이렇게 지낼 수 있는 것일까? 물론 혁신학 교 이전의 우리들의 모습과도 거의 비슷하지만 내 스스로가 느끼는 행 복이나 만족은 계속 상승중이다. 왜일까? 며칠 전 문득 갑자기 내 의식 바닥에 있던, 알고는 있지만 잊어버리고 지냈던 사실 하나가 툭 튀어나 왔다. 내가 행복하다는 것, 그리고 그것은 내 주위의 사람들 덕분이라는 것. 우리 혁신학교가 성공의 첫 걸음을 떼게 된 것은 사람이라는 것이 그 답이다.

우리 아이들이 웃는 것에 대해 생각을 해보았다. 우리 아이들이 설문지에 우리 학교가 좋다고 한다. 부러웠다. 내가 학생이던 시절, 나는 선생님을 좋아하지 않았다. 오히려 싫어하고 부정적인 생각을 더 많이 했었다. 모범생으로 지냈기에 선생님들께 혼나거나 꾸지람을 들은 기억은 없지만, 안타깝게도 나에게 상처를 주신 선생님들 몇 분이 계시기에 나는 절대로 선생님은 되지 않으리라 생각을 했었다. 그러던 내가 지금 선생님이 되었다. 인생은 참으로 알 수 없는 것이다. 하지만 다행인 것은 내가 받았던 상처들이 내가 그런 상처를 주는 선생님이 되지 않도록 나를 이끌고 있기 때문이다. 우리 아이들이 웃는 것은 우리 학교 선생님들 덕분이다. 항상 웃으면서 반겨주시고 따뜻한 말로 마음을 전해주시는 선생님들이 아이들을 웃게 해주시는 것이다. 어린 시절, 선생님과 말이라도 한 마디 나누게 되면 그 날은 정말 특별한 날이었을 우리들에게 지금의 아이들은 얼마나 행복한지…….

학부모, 교직원이 웃는 것에 대해 또 생각했다. 가끔씩 마주치는 학부모들, 전화를 하며 듣는 목소리를 통해 선생님들에 대한 믿음을 느낀다. 이것은 한 순간 이뤄진 것은 아니다. 역시 진심은 통한다는 말이 맞는 것 같다. 교사의 입장에서 뿐만 아니라 학부모의 입장에서 먼저 생각해보니 학부모의 마음과 생각이 더 이해가 된다. 그 이해를 바탕으로 활동을 하고 소통을 하게 되니 마음이 서로 통할 수밖에.

교직원이 웃는 것도 역시 사람이 그 이유다. 오늘 행정실 선생님이 다른 곳으로 인사발령이 날 것 같다는 이야기를 들었다. 듣는 순간 눈물이 핑 돌았다. 비단 그 분만이 아니라 어떤 분이라도 지금 내 곁을 떠난다고 한다면... 눈물이 저절로 날 것 같다.(이 글을 쓰면서도 눈물이 흐르는 것은 내가 감수성이 엄청 예민한 것 때문일까?) 정(情)이 든 것이다. 다소 밋밋하게 지나가버릴 수 있는 인연인데 행정실 선생님들과도 우리들은 매일매일 추억을 쌓아가고 있는 것이다. 나는 떠나실 그 분과의 소소한 추억 중 하나 덕분에 출근시간을 웃으며 시작할 수 있었다. 누가 제일 마지막으로 주차장에 들어오는지, 내기 아닌 내기를 그 선생님과 하면서 지각이 주는 죄책감(?)을 함께 공유하며 우리는 함께 퇴근도 늦게 하자며 동지애를 키우는 사이였다. 사소한 일로도 함께 웃을 수 있고 마음을 나눌 수 있다는 것은 정말 멋진 일이다.

마지막 생각은 내가 행복을 느끼는 것에 대한 것으로 흘렀다. 나는 유독 지금 이곳에서 행복한 것인가? 그것은 내가 자유롭기 때문이다. 다른 학교에서는 다른 사람들에게 많이 신경을 쓰게 되어 난 자유롭지 못했다. 내 생각, 내 행동에 대해 어떻게 이해해 줄지, 내가 학급에서 하는 활동이 다른 동료 교사에게 어떻게 받아들여질지 먼저 고민했었다. '얼마나 참교육을 하겠다고 그런 것까지 해', '선생님은 열정이 참 넘쳐'. 나를 진정으로 이해해주고 응원해 주는 것이 아니라 조금은 탐탁지 않게 여기는 듯한 느낌을 받게 되었다. 결국 나는 우리 교실에서 조용히 활동을 진행하고 다른 교사와 대화를 나누지 않게 되었다. 그랬더니 듣게 되는 말. '선생님은 교실에서 혼자 조용히 무언가를 열심히 하시고

계시네요.'

　사람은 자신이 한 일에 대해 스스로 보람을 느끼고 싶고 다른 사람에게 인정을 받고 싶은 욕구가 있는데, 나는 그것을 지금까지 제대로 충족하지 못했던 것 같다. 다만 자기만족을 하며 지내왔는데 여기에서는 그게 완전히 깨진 것이다. 물론 처음에는 내 습성을 버리지 못하고 혼자 교실에서 이것저것을 하곤 했다. 그러던 내가 먼저 선생님들께 다가가서 나의 활동을 나누고 함께하기 시작한 것도 모두 우리 선생님들 덕분이다. 내가 어떤 이야기를 하더라도 응원의 말을 먼저 해주시고 너그러이 함께 손을 잡아주시는 따뜻한 분위기. 이런 분위기 속에서 더 많은 생각을 하게 되고 더 많은 활동을 계획하고 함께 나눌 수 있는 것이다. 내가 다른 곳에 가서도 이렇게 할 수 있을 것인지는 아직도 확신이 서지 않는다.

　이 글을 쓰게 된 것이 얼마나 다행인지 모른다. 나조차도 그냥 흘려버렸을 이 생각들, 이 감정들을 놓치지 않고 글로 남김으로써 내가 지금 이 순간 얼마나 행복한지 미래의 나도 기억할 수 있을 테니까. 다시 한번 내 곁에 계시는 소중한 선생님들께 감사의 마음을 전하고 싶다. 그리고 나도 그분들에게 행복을 전하는 사람이 될 수 있기를 소망해 본다.

이야기 9-5.

혁신, 너의 의미!

교육의 본질은 수업활동이다. 육아휴직 후 복직을 하면서, 혁신학교를 시작하면서 야심차게 준비했던 것이 교육의 본질을 살리는 수업이었다. 매년 바쁘다는 핑계로 소홀히 했던 교육과정을 세우는 것부터 올해는 바꿔보고자 했다. 내 책상 뒤 진열장에 예쁘게 꽂아만 있는 교육과정이 아니라 일 년 내내 옆에 두고 보는 교육과정을 만드는 것이 목표였다. 작년 12월부터 2월까지 고생했던 것이 헛된 것은 아니었는지 올 한해 내 책상에는 항상 학급 교육과정 책이 놓여있었고 그것을 참고하며 수업활동을 이루어 갔다.

그 다음으로 중점을 둔 것이 교육과정과 평가의 연계이다. 학생 평가에 대해 항상 문제제기만 했지 무엇을 바꿔가야 할지 막막했던 상황에서 일제식 평가가 사라지고 성장평가를 시행하는 것은 나에게 큰 기회로 느껴졌다. 아이들의 배움이란 몇 글자의 단어, 문장으로 쉽게 알 수 있는 것은 아니며, 한 두 번의 시험으로는 그 아이의 성장을 알 수 없다. 시험지에서 벗어난 나는 교육과정 재구성을 통해 수업활동부터 바꾸기 시작했다. 프로젝트 활동으로 교과서를 재구성하고 그 안에 학교 행사활동을 자연스럽게 연계하였다. 현장체험학습 또한 많은 고민을 통해 교육과정 안에서 일관성을 가지고 이루어질 수 있도록 하였다. 이로 인해 교실에서 수업을 할 때와 현장체험학습을 갈 때 성장평가가 자연스럽게 이루어졌다. 아이들에게도 현장체험학습을 왜 가는지, 무엇을 하는 것인지 목표 설정을 쉽고 확실하게 할 수 있있다.

성장평가는 대부분 아이들의 글쓰기 활동으로 이루어졌다. 우리 학급에 문자해독능력이 더딘 A는 글쓰기 활동을 많이 힘들어했다. 하지만 한 문장으로부터 시작해서 지금은 시 한편, 일기 한 편을 어렵지 않게 써온다. 비록 틀린 글자도 많고, 문법적으로도 많이 부족한 수준이지만, 글 쓰는 것을 싫어하고 회피하지 않는 것 자체로 감사할 일이다.

아이들은 수업 시간에만 성장하는 것이 아니라 삶 자체가 배움이며 성장의 시간들이다. 특히 A학생은 글쓰기뿐만 아니라 글을 읽는 것 자체도 어려움이 있어서 다른 사람들 앞에서 글을 쓰고 읽는 활동을 자신 없어 하며 회피하려고 하였다. 기초학력 튼튼교실을 운영하기도 했지만, 그 시간에만 국한되지 않고 아침독서활동, 학교 행사활동, 뜀 활동 등 다양한 활동 안에서 A학생에게 반복적으로 책을 읽어주고 함께 글을 써 가면서 조금이나마 성장할 수 있었던 것 같다.

올 한해 아이들과 여러 가지 프로젝트 활동을 했다. 프로그램 준비를 하면서 이게 정말 가능할까 의문이 들고 걱정이 되는 것도 있었다. 그런데 정말 놀랍게도 아이들은 해내었다. 물론 선생님들의 조력이 뒷받침된 결과이지만 아이들도 '하니까 되네.'라는 생각을 할 수 있게 해준 기회라고 생각한다. 우리가 상상하는 것보다 훨씬 더 많은 가능성을 가지고 있는 아이들. 오늘도 그리고 내일도, 이 아이들에게 성장할 수 있는 기회를 주고자 고민하는 이 시간들이 행복하다. 이것이 혁신학교의 힘이라고 생각한다.

이야기 9-6.
혼자가 아닌 나

1박 2일 워크숍에 와서 저녁 늦게까지 다른 선생님들과 수업에 대해 토의하고 대안을 정하고……. 이 순간 난 하영화로 살아있음을 느낀다. 옆에 있는 신규 선생님도 지금 토의하고 있는 이 순간 자신이 참교사로 느껴졌다는 말을 했다. 즐겁게 이 시간을 누리다가 문득 들었던 생각이다. 만약 서진이 아빠가 서진이와 함께 저녁을 보낼 수 있는 상황이 아니었다면, 내가 지금 이 자리에 있을 수 있을까? 있더라도 마음이 불편해 연수에 집중할 수 없었을 것이다. 교사로서의 보람도 느끼고 싶고 엄마로서의 뿌듯함도 함께 느끼고 싶지만 나에게 주어진 현실은 둘 중 어느 하나를 고르라는 것이다. 이렇게 기혼 여성들의 삶은 어쩔 수 없는 포기가 뒤따르는 것 같다.

2015년 통계청의 조사에 따르면 20세 이상 기혼여성 928만 9천 명 중 결혼, 육아 등으로 경력 단절이 있는 여성은 696만 명(44%)이다. 다행스럽게도 나는 육아휴직 후에 다시 학교로 복직했지만 다른 직장에 있는 많은 여성들은 직장으로 돌아가지 못하는 현실을 보며, 여성의 사회 진출에 대해 생각을 해 보았다. 남녀평등을 외치며 우리 여성들이 할 수 없는 일은 거의 없어진 것 같다.

결혼 전에는 여성들이 가지고 있는 다양한 능력을 마음껏 펼칠 수 있다. 하지만 결혼만 하면 이 상황은 달라지고 만다. 특히 아이를 낳고서는 상황이 급변한다. 내 동생만 하더라도 아이를 키우면서 병원 일을 그만두고 계속 전업주부로 지내겠다고 했다. 경력단절까지는 아니지만 여교사들도 같은 어려움을 겪는다. 학교 업무를 진행할 때 중간 중간 생기는 아이에 관한 일들로 가정으로 달려가야 하는 경우가 종종 있다. 반대로 학교일을 하면서 가정의 일은 잠시 소홀해야 할 수 밖에 없던 일들도……. 아이가 어리거나 아내, 남편의 도움을 받지 못하는 경우가 있다면 직장에서의 업무 집중도는 낮아질 수밖에 없다.

여러 가지 이유로 아이를 낳지 않거나 결혼조차도 기피하는 사람들이 늘어나는 것이 이해가 된다. 이 문제를 해결하기 위해서 사회적인 지원도 필요하겠지만 더불어 필요한 것은 배려인 것 같다. '왜 저 선생님은 업무 참여도도 낮고 왜 이렇게 대충대충 일을 할까'라는 생각보다는, '아이를 키우느라 힘들겠구나. 나도 저렇게 힘들 때가 있었지'하는 생각으로 바라봐 준다면 서로 불편한 마음 없이 고마운 마음만 가득할 것이다. 이것이 그 후에 더욱 열성적으로 업무에 복귀할 수 있는 힘이 되

지 않을런지……. 아이와 아빠가 나 없이도 하룻밤을 잘 보낼 수 있게
된 지금, 마음 편히 나를 위한 연수에 참여하고 업무에 집중할 수 있게
해 준 가족들이 참 고맙다.

이야기 9-7.
'6과 2'

작년에 나와 함께 지낸 아이들은 여섯 명. 그리고 올해는 두 명. 대부분의 사람들이 숫자로만 보고 올해 아이들과 함께 지내는 것이 더 편할 것이라는 생각을 할 것이다. 하지만…….

올해 나의 아이들은 남자 아이와 여자 아이가 한 명씩이다. 한 아이는 한글 해득을 잘 하지 못하여 글을 잘 읽지 못한다. 국어책뿐만 아니라 수학책의 문장제 문제는 내가 읽어주어야 해결할 수 있다. 다른 아이는 반짝반짝한 눈으로 나에게 사랑과 관심을 계속 갈구한다. 작년부터 이 아이들과 함께 지낼 생각을 하면서 마음을 다잡았는데도 직접 마주한 3월 한 달 동안은 나의 교사로서의 자질과 역량에 대해 심각하게 고민해 보았던 시간들이었다.

자기가 맘에 안 드는 일이 있으면 입을 닫아버리는 아이. 도대체 무엇이 문제였는지 도저히 알 수 없는 아이의 마음을 파악하기가 어렵기만 했다. 항상 나를 쳐다보면서 혼잣말을 하는 아이. 나에게 부탁을 하면 들어줄 텐데……. 그리고는 친구나 나의 말을 그대로 반사해서 말하기도 한다. 자신만의 생각을 세워주면 더 빛이 날 텐데. 이 두 아이의 생각을 다시 생각해본다. 이 아이의 마음은 지금 어떤 상황일지, 내가 무엇을 자극시켜주면 좋을지에 대해서 말이다. 읽지 못하던 글자를 하나하나 읽어가는 모습에 느끼는 뿌듯함. 내가 말하는 것은 고쳐서 열심히하려는 모습들. 대견하고 흐뭇한 모습들이지만 가끔씩 반복되어 나오는 일들에 힘이 빠지곤 한다. 매 순간 치밀어 오르는 화라는 감정을 억누르고, 이것을 어떻게 교육적으로 가르쳐야 하는지 생각해야만 하는 나는 현재의 교사이다.

과거의 사회, 학부모가 학교와 교사에게 바라는 것들은 많은 지식을 가르쳐주는 것에 중점을 둔 반면 현재의 사회, 학부모가 바라는 것들은 지식보다는 교우관계 등의 생활지도, 돌봄에 더 치중을 하는 것 같다. 초등학교 자녀를 둔 나로서도 친구와 잘 어울리는 것, 큰 탈 없이 학교생활을 하는 것에 더 많은 관심을 가지고 있다. 지식을 전달해 주는, 더 나아가 지식정보화 사회에서 지식을 찾고 나의 지식으로 정리하여 새로운 지식을 창출하는 방법을 가르치는 교사로서의 역할은 그 나름의 보람도 있고 즐거움도 있다. 하지만 현재 요구받는 교사의 역할은 감정에 관련된 것으로 나의 감정은 억누르고 그것을 교육적으로 풀어나가는 것이기에 내가 느끼는 부담과 스트레스는 해마다 더해가고 있는 것이다.

　말이 통하지 않는 아이들을 어르고 달래고 교육적인 이야기를 해 주면서 결국엔 바른 행동을 가르쳐야 하는 교사. 감정노동자. 이 두 낱말 사이에 차이가 얼마나 있는 것일까? 역할을 잘 수행할 때는 물론 보람도 있고 뿌듯함도 있지만 만약 학부모와 사회의 기대나 요구만큼 이루어지지 못하면 돌아오게 되는 싸늘한 반응들. 그리고 나 자신에게 보내는 자책감. 더군다나 미래 인공지능시대의 교사는 학생들과 함께, 인공지능 기계가 할 수 없는, 가장 인간다운 활동, 가장 인문학적이며 예술적인 인간 본질적 활동을 주된 학습의 내용으로 삼아 교육을 영위해 나갈 것이라고 한다. (류성창 국민대 교육학과 교수-행복한 교육 1월호). 지금 이 아이들과? 도대체 언제쯤에나... 요즘 내가 읽고 있는 책은 〈꼴지도 행복한 교실 독일교육 이야기(박성숙 저)〉라는 책이다. 자전거를 학교에서 배우고, 미술 수업 절반이 비평문 쓰기고, 영어는 선택이지만 체육은 필수이며 청소년을 위한 동성애 교육을 하는 곳.

"우리는 왜 교육을 하는가? 정의롭고 진보적인 사람으로 키우는 것도, 최고의 경쟁력을 갖춘 자본주의 전사로 키우는 것도 아니다. 아이가 행복하고 인간적으로 살아갈 수 있도록 최선을 다해 돕는 것이다."
-김규항 선생 추천사-

지난 주 아이들과 통일에 대한 찬반 토론을 해 보았다. 아이들은 통일을 찬성하는 쪽보다 반대하는 쪽이 훨씬 더 많았다. 그 이유도 개인적인 것들이 많았다. 이를 어쩌나 고민하다 읽은 책 내용이 떠올랐다. 시간이 얼마나 걸릴지 몰라도 아이들에게 깊은 생각을 할 수 있는 시간을 주는 것. 어른들의 가치관을 강요하고 주입시키기 보다는 아이들이 여러 가지 자료를 찾아보고 생각해 볼 수 있는 경험을 느껴보도록 하고 싶었다. 그래서 1주일의 시간을 주고 통일을 했을 때의 모습과 통일을 하지 않을 때의 우리의 모습에 대해 글을 써오라고 했다. 내가 가르쳐야 할 것들, 아이들이 배워야 할 것이 많은, 그리고 현재보다 더 많은 것들을 아이들에게 요구할 수밖에 없는 상황에서 내가 우리 아이들에게 해 줘야 하는 것은 무엇인지, 할 수 있는 것은 무엇인지 매 순간마다 생각해야 하는 것. 이것이 지금 교사인 나에게 주어진 숙제인 것 같다.

이야기 9-8.

불러일으키기

오늘도 수업을 열심히 하려고 칠판 앞에 선다. 아이들에게 자리에 앉아 교과서를 펴라고 말한다. 오늘 배울 쪽수를 알려주는데 못 찾고 있다. 또 한 번 다시 말해주고 기다린다. 교과서를 다 펴면 한 학생이 연필을 깎아온다. B와 C학생이 이러고 있는 동안 A는 나에게 오늘 무엇을 배우냐고 물어온다. 물론 교과서는 미리 준비해 놓았다.

전학 온 A와 우리 아이들이 다른 것은 왜일까? 우선 떠오르는 이유는 개인차이다. A는 인정받고자 하는 의지가 샘솟고 있는 중이지만 다른 아이들은 무엇을 배우는지에 대한 관심도 없고 의지도 없다. A는 지금 선생님이 자신에게 관심을 가져주는 것이 대단히 만족스러운 것 같다. 그래서 더 인정받고 싶고 더 잘하고 싶은 마음이 큰 상태이다. 다른 아이들도 인정을 받고 싶은 욕구는 있으나 나 자신의 노력에 대한 만족이 아닌 노력하지 않아도 가지고 있는 재능으로 인정받는 것에만 안

주하는 경향이 있다. 그래서인지 조금이라도 자신이 못할 것 같으면 미리 방어막을 치고 피하려고 하는 모습이 많이 보인다. 예를 들면, B에게 홀라후프를 해보라고 하였더니 자기는 못한다면서 아예 돌리기를 하려 하지 않거나 일부러 이상하게 돌리면서 못하는 상황을 피하려고만 하였다. 하지만 결국 그 다음 시간에는 홀라후프를 성공하여 그 성공에 대한 칭찬을 해주면서 도전하며 노력한다는 것을 일깨웠다. 항상 칭찬을 할 때 노력해서 변화가 일어난 것을 칭찬해 주려고 하지만, 이것이 아이들에게 큰 의미로 다가오는 것은 아닌가보다.

어떤 일을 하기 위해서는 동기가 필요하다. 하지만 외적 동기는 횟수가 거듭될수록 전보다 더 큰 보상을 원하게 되므로 대부분의 사람들은 외적 동기보다는 내적 동기가 중요함을 알고 있다. B는 여전히 한글을 공부하고 있다. 자발적으로 하는 것이 아니라 외압에 의해서 공부를 하고 있다. 그러니 공부하는 내내 얼굴이 굳어있거나 연필을 쥐고만 있다. 겨우겨우 한 문장을 쓰고는 공부를 마무리하고서 남은 부분을 그림으로 채워놓는다. 이 아이에게 내적 동기를 일으키기 위해서 나는 어떻게 해야 하는 것인가? 창의성 연구의 대가 칙센트미하이 박사는 상과 벌이 아닌 내적동기가 발동되어 자발적으로 일에 몰입하는 사람들을 연구한 결과 내적 동기 유발에 필요한 3요소를 다음과 같이 말하고 있다.[*]

---

* 블로그 http://blog.naver.com/lym2ym/70119807525 참고-조벽교수의 '인재혁명'

1. 뚜렷한 목표

2. 목표를 달성하는 과정에서 스스로 알 수 있는 즉각적인 피드백

3. 각자 능력에 부합하는 도전

B에게 이를 적용하고자 생각해 보았으나 목표 세우기부터 쉽지 않았다. 또한 내가 세워 주는 목표보다는 B가 스스로 목표를 세우는 것이 효과가 클 것으로 생각되었다. 그래서 우선은 B에게 생각하는 목표는 어디까지인지 이야기를 나누고 구체적인 목표는 함께 이야기를 나누며 세워보는 과정이 필요할 것 같다. B가 목표를 어떻게 세워야할지 모른다고 할 경우, 내가 생각해 놓은 것을 넌지시 제시해 볼 생각이다. 1, 2, 3번을 한꺼번에 묶어서 생각해 볼 수 있는 것으로 각 단계별로 책을 선정해서 그 책을 수월하게 읽을 수 있는 것을 목표로 삼아 한 권 한 권 정복해 보자는 것이 나의 계획이다. 물론, B가 읽어보고 싶어 하는 책들을 골라 단계를 선정해야 하므로 준비 과정이 꽤 많을 것이나 B가 적극적인 모습으로 먼저 한글공부하자는 말을 들을 수 있다면, 이 또한 기쁨일 것이다. A가 지금 나에게 주는 낯선 기쁨을 다른 아이들에게서도 느낄 수 있기를 바라본다.

이야기 9-9.
과거, 현재, 그리고 미래

드디어 일 년 동안의 활동을 정리해서 연구보고서를 마무리했다. 신규 때 뭣 모르고 아이들과 과학 동아리 활동을 보고서로 정리한 이후에 처음 있는 일이다. 연구보고서 두 권을 제본하고 살펴보니 뿌듯함과 동시에 많은 생각들이 이어졌다. 힘이 들기도 했지만 즐거움이 더 컸던 지난 일 년. 그래도 무언가를 고민하고 있구나, 하루하루 그냥 보내지는 않았구나하는 안도하는 마음이 나를 이끌었던 것 같다. 생각이 계속 깊어지는 가운데 마음속에 뒤섞여있는 것들 중에서 가장 큰 것은 고마움이었다. 내가 이 결과물을 손에 얻을 때까지 나를 도와주셨던 우리 지사 가족들.

연구보고서를 쓰라고 이끌어주셨던 교감선생님. 직접 쓰신 보고서를 통째로 주시며 활용하라고 하시고, 내가 바쁠 땐 나의 일을 대신 해주시기까지 한 선생님. 언제나 활동을 하면 도와주시고 더 좋은 쪽으로 발전하도록 아낌없는 지원을 해주시고. 작은 일에도 잘 했다며 칭찬해 주시고 응원해주셨던 선생님들. 보고서를 하나하나 살펴봐 주시고 하나라도 더 좋은 것을 보태주시려는 고마운 마음들. 내가 이렇게 사랑받고 있다는 사실에 감동받았고 감사했고, 나는 왜 이렇게 하고 있나 반성도 해 보았다. 아무것도 바라지 않고 베푸는 마음. 나도 꼭 이렇게 멋진 선배, 후배가 되어야지라고 생각했다.

그런데 고마움을 정의내리고 나서도 내 마음 속의 혼란은 계속되고 새벽까지 생각이 이어졌다. 이런 내 마음속을 잘 들여다보니 마음이 이렇게 뒤숭숭한 것은 아마도 고마움 뒤에 따른 서운함 때문이었나 보다. 나의 가족 같은 이 분들과 하나 둘 이별을 준비해야 한다는 것. 오늘 만나서 이야기하고 웃는 이 순간들이 앞으로는 매일이 될 수 없다는 것. 이별은 또 다른 시작이라지만 나에게 이별은 그냥 슬픈 것이다. 내가 지사에서 보낸 시간들과 앞으로 보내게 될 시간들이 없었다면 아마도 먼 훗날 학교를 떠나는 나 자신에게 수고했다고 할 수 없을 것 같다. 이곳에서 선생님들과 고민하고 이야기 나누며 하나의 방향으로 걸어가는 이 순간들이 너무나도 소중하고 내가 살아있음을 느끼는 순간들이다.

우리는 학예회도 즐기면서 정말 재미있게 했다. 지사라는 이름으로 함께 그 자리에 있음을 감사했다. 아마 우리 모두가 그랬을 것이다. 내년은 지사에도, 나에게도 커다란 전환점이 될 것 같다. 혁신학교에서 교사가 바뀌더라도 학교의 문화가 그대로 이어져 갈 수 있는 방법을 모색해야 할 것이고, 나도 흔들리지 않고 주위에 의지하는 마음을 조금씩 버려야 할 것이다. 너무나도 좋은 분들과 함께여서 그런지 나태해지고 조금은 집중력과 관심이 흐트러진 것을 다시 바로 잡아서, 좋은 분들이니까 더 관심을 가지고 더 배려하는 모습을 가져야 할 것 같다.

혁신학교 1년. 생각 없이 즐거웠고 재미있게 앞으로 나아갈 수 있었고, 혁신학교 2년. 조금 더 나은 방향을 고민해 보았고, 혁신학교 3년은 지금과 다른 상황을 계속 고민해 보아야 할 것 같다. 그래도 지금은 자꾸 생각나는 슬픔은 묻어두고서 남은 이 시간 더 신나게 즐기고 더 웃으며 지내야겠다.

이야기 9-10.
지금 나는 여기에서

나는 선생님이다. 선생님이라는 단어에 깃들어 있는 사회적인 책임, 도덕적인 기대치가 가끔은 어깨를 짓누르기만 아이들 앞에 서면 항상 부끄럽지 않은 선생님으로 남고 싶다는 생각이 든다. 지난 1년도 쉼 없이 달려오고 격렬하게 고민했던 것 같다. 이것은 지사초가 혁신학교가 되어서라기보다는 지금의 선생님들과 자연스럽게 만들어낸 분위기인 것 같다. 더 혁신적인 느낌.

한 실험에서 아이가 퍼즐을 맞추면 엄마는 그것을 지켜본다. 그런데 독일의 엄마와 한국의 엄마의 반응이 다르다. 한국의 엄마는 나서서 아이를 도와주지만, 독일의 엄마는 아무것도 하지 않는다. 그런데 그 순간 독일의 엄마는 엄청난 것을 하고 있었던 것이다. 기다려주기.『독일교육이야기』라는 책을 읽으면서 가장 반성을 많이 했던 부분이다. 이것은 내가 선생님으로서도, 엄마로서도 부족한 점이다. 교실의 학생은 3명이지만 계속 아이들을 지켜보면서 고민을 한다. 도움을 주어야하나, 준다면 언제 도움을 주어야 하나, 잔소리 하지 않고 그대로 두어야하나. 수업은 끊임없는 지켜보기다. 힘들고 고된 작업이다.

우리 학교 교장, 교감 선생님들은 이 힘든 것을 해내고 계신다. 내가 하고 있는 일들을 계속 지켜봐주신다. 먼저 나서서 이것저것 말씀하시고 싶은 것도 있으실 텐데 말이다. '기다리기'가 힘들 땐 항상 달려가는 그 곳, 교사 연구실이다. 선후배 선생님들과 이야기를 하며 내 마음을 다스리게 된다. 그리고 다시 아이들 앞에 서면 전보다는 한결 가벼워진 마음으로 아이들을 대할 수 있다. 어쩌면 교사 연구실이 나에게는 치유센터인 셈이다. 장소가 아니라 그 곳에 모인 선생님들의 덕분이지만.

내년은 기회의 시기이다. 아이들에게도, 우리들에게도. 솔직히 언제나 변화에 앞서는 것이 두려움이다. 이 분들이 하나 둘 떠나가더라도 우리가, 내가 목표를 잃어버리지 않고 잘 나아갈 수 있을까? 의미 없는 걱정이지만 말이다. 우리는 결국 나아갈 수밖에 없다. 어떤 방식으로든 우리는 우리만의 것들을 만들어 낼 것이고, 아이들도 자신들만의 방식으로 커 나갈 것이다. 아이들을, 그리고 우리들을, 나 자신을 믿어보기로 한다. 새로운 시작, 두려움 끝에는 미소가 남기를 기대해 보면서.

제10장

혁신학교 두 경력교사들의 학교 이야기

박민봉 · 민동원

(지사초등학교 교사)

엄마인 나

혁신학교에서 산 지 넉 달이 넘어간다. 운영은 넉 달이 넘어가지만 마음 속에선 작년 겨울방학부터이니 좀 더 오래 된 것 같은 느낌이다. 처음엔 혁신학교가 괜찮아 보였고 끝날 때 까지 함께하고자 하는 마음이 있었 는데, 요즘엔 끝까지 가기엔 뭔가 나와 맞지 않는다는 마음을 지울 수 없다. 지난 주 가족캠프와 가족한마당이 1박2일로 운영되었다. 나에게 는 매우 벅차고 부담스러운 행사였는데, 다른 선생님들은 그렇지 않은 것 같아, 나는 왜 이렇게 느끼는 것일까 생각해보게 되었다.

나를 크게 구분짓자면, 교사로서의 나와 엄마로서의 내가 있다. 혁 신학교이자 작은 학교 교사인 이 자리는 엄마로서의 나를 불행하게 만 드는 순간이 있었다. 바로 시간외에 근무하게 될 때이다. 이제까지 큰 학교에서만 근무를 했던 나는 시간외근무는 거의 딱 정해져 있었다. 6 학년의 테마식 현장체험학습, 4학년이나 5학년의 수련활동. 이 정도는 일하는 엄마로서 자식들을 이해시키고 주변의 도움을 받아 내 아이가 안전하게 돌봄을 받을 수 있게 할 수 있었다.

하지만 올해의 상황은 달라졌다. 시간 외로 근무를 해야만 하는 날들이 많아지고 내가 우리 학생들을 교사로서 안전하게 돌보고 있을 때, 내 아이들은 체크카드 한 장 들고 저녁을 해결하러 동네 식당을 헤매고 다니는 것이다. 그것도 주변의 시선이 부담스러워 간식거리 사다가 해결하고 있는 걸 볼 땐 일 년에 한 두 번일 땐 그것도 추억이려니 했지만, 그 횟수가 많아지니 내가 뭐하고 있나 하는 생각도 든다. 옆 아파트 계단에 몰래 서 있다가 어른 없이 아이들만 현관 비밀번호 누르고 들어가려 하자 같이 들어가려 한 미수에 그친 범죄가 있었다는 말도 있어 아이들만 음식점에 보내는 것도 불안하기는 마찬가지이다. 내가 엄마로서의 나보다 교사로서의 나에 더 집중해서 산다면 나는 행복할까?

그래도 이래저래 방도를 마련하여 교사로서의 나에 충실하려 노력하고 있다. 그런데 나의 시간외 근무를 대부분 차지하는 체험학습이 과연 교사로서의 보람을 느낄 수 있는가에 문득 의문이 든다. 예전은 일 년에 한두 번 나가는 체험학습이 거의 근무시간 내에 끝내졌거나 특정 학년에서만 1박을 했었다. 그러다 보니 아이들도 선생님도 한두 달 전부터 준비하고 설레고 했더랬다. 그리고 체험학습을 더 다양하게 못한다고 생각하여 한 번 하는 체험학습에서 본전 뽑으려 노력했었고, 교과학습 시간을 쪼개서 교실에서 할 수 있는 체험학습 아닌 체험학습 같은 학습을 계획하여 하곤 했다. 하지만 지금은 아니다. 체험도 많고 굳이 열심히 안 해도 내년에 또 한다. 아이들도 안다. 아이들을 보면 체험해서 좋은 점은 공부 안한다는 것 뿐 설렘도 없고 미리 생각해보고 머릿속으로 시뮬레이션을 돌려보며 상상하고 질문하는 일도 없다. 가만히 있다가 선생님이 가서 하자하면 하는 것이다. 그러니 많은 혜택을 알게 모르게 받고 있다는 것에 대해 고마움도 없다. 당연히 모르니까 그럴 것이다 생각하지만 나의 애달픈 시간을 의미 없이 소비하고만 있다는 느낌을 지울 수 없다.

나 잘하고 있는 거 맞지? 맞나? 맞겠지 뭐~

순전히 내 경험으로만 봤을 때, 지금의 학교에서 행사가 가장 많다. 여기서 행사라 함은 아주 넓은 의미로 교육과정을 짤 때 계획했던 행사 더하기 교육과정 운영 중에 불쑥 들어오는 어느 기관의 협조, 참여, 준비 등도 포함시킨다. 거기에 요즘엔 자격시험 준비도 포함되었다.

요즘 한창 한국사능력시험 준비 중이다. 솔직히 처음엔 아이들이 원하지 않는 자격시험은 하지 않으려 했지만 어디 사람 마음이 그런가? 그래도 한자자격시험 했으니 한국사는 아이들이 원하면 하고, 그렇지 않으면 하지 않으려 했다. 하지만 교사는 서비스직 아닌가? 우리 반 학부모의 50% 되시는 분이 한국사 했으면 좋겠다는 말에 열심히 준비 중이다.

미리 국사 부문을 잘 해 놓으면 상급학교에 가서 분명 이득이 있을 것이다. 그래서 나도 집에 있는 어린이에게 가끔 국사공부 하자고 압력을 넣기도 한다. 그런데 6학년 2학기 교육과정에 없는 역사를 하려고 하니 교육과정은 저 뒤편으로 사라져 버렸다. 사실 그동안 많은 행사와 준비로 인해 문서에 나타나지 않은 교육과정 재구성이 많이 이루어지긴 했다. 귀에 걸면 귀걸이, 코에 걸면 코걸이 같은 재구성이지만 그래도 교육과정 안에서 하려고 노력했다면 이번 한국사능력시험 준비는 교육과정 완전 무시하고 완전 입시학원처럼 속된 표현이지만 '닥치고 외워! 문제 풀어!'로 열심히 공부하고 있다. 이런 상황 속에서 가끔 되돌아보게 된다. '나 잘하고 있는 거 맞지? 맞나? 맞겠지 뭐.'

작은 학교엔 동학년 교사가 없다?

작은 학교에선 동학년 교사가 없다. 동학년 교사가 여럿인 학교에서 근무할 적에는 같은 교육과정을 놓고 이런 저런 아이디어들을 듣거나 내면서 도움을 받고 도움을 줄 수도 있었다. 어디 그 뿐이랴. 생활지도 면에서도 옆 선생님이 하는 걸 따라해 보기도 하고 수정해 보기도 하면서 나만의 생활지도 노하우를 만들어가기도 했었다. 그럴 땐 다른 학년 보단 동학년 선생님이 더 공감되고 도움이 되었다.

작은 학교에 입성한 첫 해 초반엔 그동안 같이 나누고 도움을 받던 동학년 선생님이 없어지니 좀 서운하기도 하고 재미없기도 했다. 그런데 작은 학교에서만의 다른 점을 발견하게 되었다. 나와 같은 학년 안으로 선 그어져 있던 동학년 선생님과의 교류는 규모가 큰 학교에서의 문화일 뿐 작은 학교에서는 모든 학년 선생님들이 동학년 선생님들이었던 것이다. 아무래도 전교생 모두 한자리에 함께 교육과정에 참여하는 경우가 많으니 다른 학년에서 무슨 일이 일어나고 있는지를 서로 공유할 수 있고 고민을 나눌 수 있었던 것이다.

또한 올 학년도에 혁신학교로 지원받으며 학년 군별로 함께 교육과정을 운영하니 이건 동학년 교사와 같은 느낌을 넘어서서 담임교사가 한 명 더 생긴 것 같다. 6학년인 우리 교실에서는 5학년 선생님이 또 다른 담임교사 같고 5학년 교실에선 6학년 선생님이 또 다른 담임교사가 될 수 있는 아주 자연스러운 분위기가 형성되어 버렸다.

아이들 입장에서야 성격이 모난 선생님만 아니면 아롱이 다롱이 신 생님을 겪어보는 것이 그리 나쁘지 않을 것이라 생각이 들고, 교사 입장에서도 뭔가 전에 없던 비빌 언덕이 생기는 편안함이 있다고 할까? 1박 2일로 현장체험을 갈 때도 오롯이 나 혼자 이끌어 가야 한다면 가끔 결정 장애가 발동될 때, 힘들어지기도 하고 내가 놓치고 가는 부분은 없는지 항상 점검해야 하고, 내가 나를 점검하는지라 점검한 내용도 한 편으로 의심이 되어 혼자 끙끙거리게 되는 일이 분명 생길 것이다. 그럴 때 뭔가 보험을 든 것 같은 안심이 된다. 또한 학년 군으로 교과운영이 되는 데에서는 함께 연구한 자료로 운영하기도 하고 예전엔 생각지도 않았던 UCC대회에 함께 하니깐 할 수 있겠단 생각으로 도전해 볼 수 있었고, 그 과정은 교실 안과는 또 다른 배움을 주는 경험이었다. 작은 학교엔 동학년 교사는 없다. 하지만 한 반의 담임교사는 한 명이 아니다. 그리고 그런 점이 참 든든한 느낌으로 다가온다.

육아휴직, 한 번 더 할 수 있을까?

올해부터 남자도 1년 미만의 아이가 있을 경우 여자와 같이 1일 1시간의 육아시간이 가능하다고 한다. 작은 변화이지만 그래도 조금씩 육아 정책이 바람직하게 바뀌고 있는 것 중 하나인 것 같다. 2014년 9월 서준이가 태어나면서 30년 동안 한 번도 손에 묻혀보지 않았던 똥을 만지게 되고, 밤잠을 자지 못해 졸음을 이기려고 아침에 소리를 지르며 운전을 하며, 1년도 쓰지 못한 새 침대를 바꿔야 하는 것까지 지금껏 지내왔던 삶의 방식과 모습이 180도 달라졌다.

육아시간에 대한 고민도 그 중 하나였다. 출근을 해서 아이 때문에 종종 조퇴를 내고 집에 가면서 왜 남자에게는 육아시간이 주어지지 않을까 의아했고, 관련 규정을 찾아보기도 하였다. 그냥 생각했을 때는 남자에게도 당연히 해당되는 게 아닐까했지만 여자만 해당되는 것이었다. 아직도 육아는 여자의 몫이라는 사람들의 인식과 불합리한 제도들이 많이 남아있는 거 같다.

아이가 18개월이 되었을 때 아이를 어린이집에 보낼 것인지 내가 1년의 육아휴직을 할 것인지 우리는 결정을 해야 했다. 사실 우리가 결정하는 데 많은 시간이 걸리진 않았다. 18개월의 아이를 어린이집에 보내는 것은 너무 이르다고 생각했기 때문이다. 그리고 지금의 1년이 아이의 성장에 큰 영향을 줄 거라는 믿음이 있었다. 또한, 다행스럽게도 교사인 나는 다른 직종에 비해서 육아휴직을 하는 데 큰 제약이 따르는 것은 아니었기 때문이다. 하지만 육아휴직을 결정하고 들어가기까지 큰 어려움 중 하나는 주변의 시선이었다. 물론 대단하다고 격려해주는 사람들도 있었지만, 더 많은 사람들은 남자가 어떻게 집에서 애를 보냐며 걱정하기도 하고 교사로서 경력단절을 조금은 한심하게 바라보는 사람들도 있었다.

하지만 1년을 휴직하면서 아이와 보냈던 시간은 나에게도 아이에게도 정말 잘한 결정이었음을 확신할 수 있다. 육아휴직을 시작하면서 한 가지 목표를 세웠다. 아이와 했던 경험들을 매일 기록하기. 내가 게으른 탓이겠지만 내가 지키기엔 너무나 큰 목표였던 것 같다. 아이와 함께했던 기록은 핸드폰에 남아 있는 사진들이 전부다. 글로 기록하지 못해 매우 아쉽다. 나에게 주어지는 시간은 밤에 아이가 잘 때 뿐이었다. 그 조차 아이와 함께 잠들 때가 많았고, 아이가 잠들고 나서 거실에서 시간을 보낼 때도 항상 아이가 깨지 않을까 조마조마하며 시간을 보냈다. 하루는 아내가 휴직했을 때 내가 퇴근하고 집에 들어갔는데 울고 있었다. 하루 종일 한 끼도 못 먹었다며 울고 있던 것이었다. 나는 아내를 다그쳤다. 왜 바보같이 밥을 못 챙겨 먹느냐고 말이다.

육아휴직을 하고서야 아내의 눈물을 공감할 수 있었다. 육아를 하면서 아이에게도 나에게도 먹고 자고 싸는 게 너무 힘들었다. 나는 아이를 먹여야 했고 재워야 했고 싸게 해야 했지만, 아이는 나를 못 먹게 하고 못 자게하고 못 싸게 하였다. 사람에게 유일하게 사생활이 보장되는 화장실조차 맘 편하게 가지 못하였다. 좀처럼 욱하지 않는 성격이지만 나도 모르게 한 번씩 욱 하는 것을 참아야 할 때가 참 많았던 것 같다. 그렇게 3월, 4월을 보내고 어느덧 아이와 있는 시간이 조금씩 익숙해졌다. 단 1초도 가만히 있지 않는 아이와 집에 둘이 하루 종일 있는 건 정말 힘든 일이었다. 아이와 밖으로 나가는 날이 점점 많아졌다.

이제 걸음이 제법 익숙해진 아이는 밖에서 걷는 것만으로도 즐거워했다. 매주 한 번씩은 아이와 대형마트에서 하는 문화센터 수업을 다녔고, 시립도서관에서 하는 아이 책 읽어주기에도 참여하였다. 두 군데 모두 아빠가 아이를 데려온 것은 나뿐이었다. 처음엔 나를 바라보는 시선이 어색하고 불편했지만, 말수 없는 내가 언제부턴가는 옆의 엄마들과 아이에 대해서 이야기를 나눌 정도로 육아휴직 생활에 적응이 되어가고 있었다. 아이를 혼자 데리고 다니면서 화장실이 참 불편한 것 중 하나였다. 아이를 위한 공간은 어느 남자화장실에서도 찾아볼 수 없었다.

기저귀 한 번 가는 것도 참 힘들었다. 그래서 밖에 벤치 같은 곳에서 기저귀를 갈아준 적이 더 많았 것 같다. 한 번은 아이와 목욕탕을 다녀왔다. 아내는 나에게 어떻게 아이와 목욕탕에 있었느냐며 물었는데, 그냥 내 옆 목욕의자에 앉아서 있었다고 하니 아기 욕조가 없냐고 말해서 깜짝 놀랐다. 여자 목욕탕엔 아기 욕조가 있다는 것을 처음 알았다. 남자 목욕탕에도 당연히 있어야 하지 않을까 하는 생각이 들었다.

올해 친구가 육아휴직을 했다. 아마도 아이를 위해 꼭 해보라고 몇 번 씩 밀했던 나의 영향을 조금은 아니 많이 받았을지도 모른다. 아직 휴직한 지 두 달도 채 안 되었는데 전화가 왔다. 경제적으로 너무 힘들다는 것이었다. 어떻게 1년을 이 육아수당 가지고 버텼냐고 물어, 나는 나중에는 돈이 없어 아이와 밖에 나가고 싶어도 못 나가고 집에만 있었다고 했다. 사실 육아휴직을 가장 어렵게 만드는 것은 경제적인 이유인 것 같다. 휴직을 하기 전 '아빠의 달'이라는 제도가 있다는 것을 알았다. 한 자녀에 대해 엄마 아빠가 이어서 휴직을 할 경우, 아빠의 휴직 첫 달은 본봉의 100%를 주는 제도다. 2016년부터는 3개월까지로 확대 시행된다고 알고 있었다. 나도 당연히 그 제도의 혜택을 본다고 생각하고 있었지만, 3월 월급에 기본 수당만 들어왔던 것이다. 난 의아해서 학교 행정실에 그리고 교육청에도 물어봤지만 잘 모르겠고 해당이 안 된다는 이야기를 들었다. 왜 안 되는지 노동부에도 문의했지만, 고용보험이 적용되지 않는 공무원에게는 해당이 안 된다는 얘기를 들었다. 제도적으로 안 된다니 어쩔 수 없는 노릇이었지만 정말 이해가 가질 않았다. 일반 고용보험이 적용되는 민간 직장인들에게만 해당되었다. 국가에서 홍보는 많이 했지만, 이 또한 생색내기 허울뿐인 정책이란 생각이 들었다.

곧 둘째가 태어난다. 남들은 묻는다. 또 육아휴직을 할거냐고. 둘째에겐 미안하지만 못 할 거 같다. 하지만 경제적인 지원이 보완된다면 할 것이다. 대선이 가까워지고 육아정책에 대한 공약이 넘쳐난다. 정말 현실적으로 도움이 되는 정책들이 실현되어 많은 아빠들이 육아휴직에 참여할 수 있는 날이 올 수 있기를 바래본다.

뒤로 가는 교육환경

 # 이야기 10-5. 민동원 선생님의 자기-내러티브

뒤로 가는 교육환경

2008년 첫 발령 후 어느덧 교사가 된 지 10년째를 맞고 있다. 군 휴직과 육아휴직을 빼면 일곱 번째로 아이들을 만나고 있다. 첫 발령 때는 10년 선배교사를 만나 나도 10년 경력이 쌓이면 저 만큼의 노하우와 전문성을 좀 가질 수 있을까 하는 생각을 했었다. 하지만 지금의 내 모습은 여전히 초보 신규교사인 것 같다는 생각이 든다. 물론 나의 개인적인 노력 부족이 크지만 말이다. 그리고 나의 모습에 더해 학교라는 공간의 모습도 10년 전, 아니 20년 전 내가 초등학교 다니던 시절의 모습과도 어쩌면 크게 달라지지 않은 것 같다. 물론 보는 관점에 따라 무척 많이 달라진 점도 분명 있을 것이다. 내가 달라지지 않은 모습이라 생각한 건 바로 교실 안에서의 '수업-공부'에 관한 것이다.

아이를 낳고 아내와 얘기를 나누면서 나는 아이를 초등학교에도 보내고 싶지 않다고 하였다. 중학교, 고등학교는 물론이다. 현실을 생각하

면 불가능한 이야기이지만, 그만큼 이 제도권 안에서의 교육 시스템은 바람직하지 못하다고 생각한다. 혁신학교를 비롯하여 교육을 개선하기 위한 다양한 노력들이 이루어지고 있지만 결국 대학 입시를 위한 학력이란 벽에 부딪히는 것 같다. 다양한 방법들이 모두 아이들의 학력 향상이라는 목표를 위해 가고 있다. 교사의 신념으로 인해 아이를 피해자로 만들면 안 된다는 말은 들은 적이 있다. 하나의 단면이지만 결국 대학 입시를 위한 학력을 성취할 수 있게 해야 한다는 말로 이해하였다. 수업 시간 아이들에게 은연중에 "너희가 원하는 꿈을 이루고 하고 싶은 것을 하며 살아가려면, 지금부터 열심히 공부해야 원하는 대학교도 갈 수 있고 그 꿈을 이룰 수 있다"라는 이야기를 고학년을 맡으면 했었다. 어찌 보면 당연하고 맞는 얘기 일 수도 있지만 다시 뒤돌아 생각해보면 참 불편하고, 아이들에게 미안한 이야기를 한 것 같다. 우리가 학교에서 이야기하는 공부를 잘 하는 건 각각의 꿈을 이루는 데 꼭 필요한 것이 아니기 때문이다. 오히려, 학교 공부로 인해 꿈을 이루지 못하고 좌절하는 경우가 더 많지 않나 생각한다. 아마도 꿈을 이루기 위해 더 중요하고 필요한 것은 성실함, 인내심, 끈기, 배려, 리더십과 같은 가치, 태도라고 생각한다.

새 정부가 자사고, 외고 폐지를 말하면서 논란이 크다. 얼마 전 한 방송 프로그램에서 이를 가지고 토론을 하는 것을 보았는데, 찬반을 떠나 이 교육적 문제가 정치적 성향에 따라 의견이 대립되는 것이 조금 불편했다. 물론 가치의 문제가 충돌하기 때문에 정치집단이 선호하는 가치에 따라 다르다는 것은 어느 정도 이해할 수 있다. 그럼에도 교육개혁과 관련해서 한 토론자가 한 말이 인상 깊게 남았다. 노동시장에서의 학벌에 따른 임금격차 문제가 해결되지 않으면, 교육개혁은 이루어질 수 없다는 이야기였다. 가끔 학교와 수업 고민을 이야기하다 보면 "우리가 이렇게 고민해봐야 되나? 사회가 바뀌어야지"라는 말로 마무리 되곤 했던 적이 많다. 앞으로 10년 뒤에도 비슷한 고민을 또 하고 있겠지만, 조금은 더 아이들이 행복할 수 있는 교육환경으로 변화가 있으면 좋겠다.

1학기 동안 5학년 여학생들의 교우 관계 문제로 학부모, 선생님, 다른 학생들까지도 불편하고 힘든 시간을 겪고 있다. 조금 시간이 걸리겠지만, 다른 사람의 입장을 이해하게 되고, 함께 할 수 있는 마음을 가지게 되는 계기가 되었으면 좋겠다. 마음의 상처를 스스로 보듬고 돌볼 수 있는 수업, 국어와 수학 공부뿐만 아니라 마음공부의 기회가 열려있어서 아이들의 마음이 훌쩍 자랄 수 있는 미래학교가 열렸으면 좋겠다.

나의 선생님

얼마 전 수능을 본 한 제자로부터 반가운 연락을 받았다. 2011년 관촌 초에서 6학년으로 만났던 아이인데 벌써 6년을 지나 수능을 보고 대학생이 된다며 찾아뵙고 인사드리고 싶다는 연락이었다. 참 고맙고 반가운 마음 한편으로 그 때 내가 뭐 특별히 잘해준 것도 없는 것 같은데 나를 기억해주고 찾아주는 것 같아 놀랍기도 하고 괜스레 미안한 마음도 들었다. 무엇 때문에 나를 기억하고 찾아주었는지 만나게 되면 물어봐야 할 것 같다. 그 연락을 받고 초중고를 나오면서 좋았던 그리고 기억나고 찾아뵙고 싶은 선생님들이 떠올랐다. 많은 선생님들을 만났지만 아쉽게도 나에게 좋은 선생님으로 기억되는 분은 두 선생님이 계신다. 그 선생님에 대한 기억은 지금껏 내가 살아오는 데 그리고 앞으로 살아가는 데도 큰 힘이다.

한 선생님은 초등학교 6학년 때 만났던 선생님이다. 6학년 1학기를 마치고 개학을 했는데 선생님이 새로 오신다고 하였다. 초임발령으로 여선생님이 오셨다. 나이가 지긋하신 남자 선생님이 가신다는 아쉬움도 없이 처음 만나는 여선생님에 대한 호기심으로 인사 오시던 날 남자 친구들과 함께 교무실을 엿보았던 기억이 생생하다. 그 선생님과 함께 한 6학년 2학기는 짧았던 만큼 강렬했고, 졸업식 날 어느 누구 하나 빼놓지 않고 눈물을 쏟았다. 2007년에 선생님이 결혼을 하신다는 소식을 들었고, 기쁜 마음과 함께 괜히 아쉬운 마음도 들었던 것 같다.

나의 기억 속에는 거의 모든 토요일을 놀이공원, 스케이트장, 노래방 등에서 선생님과 함께 했던 것 같다. 수업이 끝나고도 교실에서, 학교 운동장에서, 학교 주변에서 선생님과 노느라 하교가 항상 늦었던 것 같다. 교사가 되어 생각해보니 그 때 선생님은 어떻게 그럴 수 있었을까 정말 대단하다는 생각이 들었다. 사실 교실 안에서 수업하고 공부했던 기억은 잘 나지 않는다. 하지만 그 때 선생님이 알려주셨던 노래 두 곡은 아직도 입에서 맴돌고, 가사를 잃어버리지 않았다. 변진섭 '우리의 사랑이 필요한 거죠', 백창우 '나이 서른에 우린'이란 노래다. 6학년을 마무리하면서 학급문집을 만들고 서른이 되는 2014년 1월 1일 학교에서 만나기로 약속했다. 오지 않을 것만 같던 그날이 왔고, 몇 명의 친구들과 선생님은 그 약속을 지켰고, 나는 선생님의 제자로서 교직 후배로서 만나게 되었다. 선생님이 우리에게 주셨던 마음 그리고 그 즐겁고 재밌었던 추억이 참으로 감사하고 소중하다.

한 선생님은 고등학교 시절 1, 2학년 2년간 함께 했던 담임 선생님이다. 그 선생님께서는 전주 유명 입시학원에서 10여 년간 지도를 하시다가 사교육에 환멸을 느끼시고 학교로 오신 분이었다. 강한 신념으로 학원교육을 비판하셨고, 우리에게 학교 공부 중심으로 스스로 공부해야 하는 것을 알려주셨다. 매일 아침 하루도 빼놓지 않고 아이들을 한 명씩 상담해 주셨고, 한 학기에 한 두 번은 모든 아이들에게 직접 쓰신 편지로 우리에게 해주고 싶은 말을 전해 주셨다. 선생님과 함께 어느 반보다도 단합이 잘 되고 즐겁게 보낼 수 있었다. 2년을 함께하고 마칠 때 반 아이들과 선생님이 함께 익명으로 돈을 모아서 동해안 일주도 다녀왔다.

한 아이의 연락을 받고 나도 선생님들을 떠올려 보고 내 모습도 돌아보게 되었다. 나에게 두 선생님 모두 아이들을 진심으로 위하고 생각하는 마음이 컸던 분들이란 생각이 들었다. 2017년도 이제 며칠 남지 않았다. 올해도 아이들에게 미안한 마음이 크다. 좀 더 재밌게 즐겁게 잘 지낼 수 있도록 해주지 못한 것 같고, 여자아이들은 친구들과 관계에서 저마다 마음이 아픈 힘든 경험들을 했는데 담임으로서 슬기롭게 잘 이겨낼 수 있도록 해주지 못한 것 같기도 하다. 아이들을 만난 지 햇수로 10년 째, 2018년엔 좀 더 성장하는 한 해가 될 수 있도록 마음을 다잡아야겠다.

제4부

작은 혁신학교
직원들의 학교 이야기

이 책의 부제는 '지사초 사람들의 학교혁신 이야기'이다. 여기에서 흥미로운 표현은 바로 '사람들'이다. 대한민국의 수많은 학교혁신은 교원을 중심으로 전개되고 있다. 어느 학교는 훌륭한 교장을 중심으로 혁신을 이루기도 하고, 또 다른 학교는 소수의 교사를 중심으로 학교혁신을 시도한다. 하지만 지사초등학교의 학교혁신은 남다른 측면이 있다. 이 학교가 '큰 도전'을 하였다고 말할 수 있는 이유는 바로 교원뿐만 아니라, 행정실의 직원들도 자기반성적 글쓰기와 컨퍼런스에 참여했기 때문이다. 행정실장과 주무관들이 교원들과 함께 학교교육에 대하여 자신의 속내를 글로 표현하고, 정겨운 대화를 나누는 장면을 상상해 보라.

교사교육자로서의 나는 교사시절에 교장 및 교감과 대립하는 행정실장, 신규교사를 무시하고 울리는 행정실장, 학교행사와 관련하여 업무부장과 대립하는 행정실장을 보곤 하였다. 이러한 장면을 목격할 때마다, 학교 행정업무도 차라리 교원들이 전담했으면 하는 마음도 있었다. 해가 갈수록 힘이 커지는 행정직을 볼 때 마다 다소 부담스럽고, 주객이 전도된 느낌이 들었다. 아마 지금도 교원과 직원 사이의 미묘한 갈등이 존재하는 학교가 더러 있을 것이다. 그런데 학교를 떠나 교사교육자가 되어 보니, 행정직에 대한 편견이 보이기 시작했다. 과연 우리 교원들은 행정직원의 관점에서 학교교육을 바라본 본 적이 있는가? 행정실장 그리고 주무관의 입장에서 바라본 학교와 선생님은 어떤 모습일까? 그들은 학교에서 어떠한 방식으로 자신들의 정체성과 역할을 구성하는

가? 제4부는 바로 이러한 물음에 대한 답이다.

　지사초등학교의 행정실장과 두 명의 주무관이 자기반성적 글쓰기를 시도하고, 교직원이 함께 하는 컨퍼런스에 참여하였다. 그들이 이러한 용기 있는 결정을 할 수 있었던 힘은 어디에서 비롯된 것일까? 그것은 바로 지사초등학교가 교원과 직원의 경계를 허물었기 때문이다. 세 직원들은 학교의 관리자들과 교사들이 개인적인 이야기를 솔직하게 쓰고, 함께 대화하는 장면을 목격하면서 동행을 결정했다. 무엇보다, 직원들의 위대한 도전과 열정은 교장 및 교감 선생님의 용기와 상관이 있을 것이다. 또한, 자신들의 솔직한 글과 이야기를 열린 마음으로 들어주는 교사들을 신뢰했기 때문일 것이다. 아쉽게도, 제4부 11장의 분량은 그다지 많지가 않다. 세 사람은 뒤늦게 글쓰기와 컨퍼런스에 참여했으며, 일부 글은 다소 민감한 내용이라 수록하지 못하였다. 하지만 채 몇 편이 되지 않는 제4부의 내용은 대한민국 학교 행정실 직원들에게 새로운 시도와 용기를 선사하리라 기대한다.

제11장

행정실장과 주무관의 학교혁신 이야기

신현자 · 김선웅 · 조유정
(지사초등학교 행정실)

부럽다 지사초!

나는 전주에서 두 번째로 큰 태양초등학교에 다니는 아이를 둔 학부모이자 우리 아이 한 학급 학생 수도 안 되는 조그만 학교의 행정실장이다. 혁신학교 예산과 관련된 일을 하면서 자연스럽게 내 자녀의 학교와 지사초등학교를 가끔씩 생각하게 되었다. 태양초도 나름 교육과정을 충실히 운영하고 있지만, 이 조그만 학교에서 이루어지는 혁신교육을 과연 태양초에서도 할 수 있을까? 혁신학교와 관련하여 학부모로서 제일 부러웠던 행사는 1박 2일 가족캠프, 자녀와 함께 떠나는 토요문학답사, 지사그린터치아이, 아침 독서이다. 직장을 다니는 엄마로서 퇴근 후 청소, 저녁밥, 설거지를 끝내면 피곤하다는 이유로 아이들과 함께 하지 않고, 나만의 시간을 가지려고 이런 저런 핑계를 대면서 아이들에게 책 읽어라, 공부해라, 숙제해라 잔소리만 작렬하는 나였다. 만약 이런 행사들을 태양초에서 했다면, 엄마 역할을 제대로 하지 않는 나는 반의무적으로 아이들과 함께 참석했을 것이다.

먼저, 1박 2일 가족캠프는 자녀와 부모가 집을 떠나 멋진 장소는 아니지만 잔디가 푸르게 있는 운동장에서 함께 밤을 보내며, 모닥불 앞에 앉아 이런저런 이야기를 하는 모습이 부러웠다. 물론 학교에서 하지 않더라도 마음만 먹으면 어떻게든 해 줄 수 있지만, 솔직히 엄두가 나지 않는 것이 캠프이기 때문이다.

두 번째, 자녀와 함께 떠나는 토요문학답사이다. 자녀와 여행을 다니면서 가끔 여행 장소에 대한 사전답사는 하긴 하지만, 책을 읽고 실제로 그 장소에 가는 여행을 추진한 적은 한 번도 없었기 때문이다. 지사초등학교의 학생, 학부모님들은 지금 당장은 이야깃거리가 안 될지언정 나중에 학생들이 성인이 되어 부모님과 지나간 일을 이야기했을 때 토요문학답사는 분명히 나올 것이다.

세 번째, 지사그린터치아이 활동이다. 나는 44년간 행복동(가명)이라는 한 공간에서 태어나 자라고 결혼한 후 지금까지도 터 잡고 살고 있으니 흔한 말로 행복동 터줏대감이다. 그러나 부끄럽게도 행복동 역사에 대해서는 잘 알지 못한다. 지사그린터치아이를 통해 지사초 학생들은 자기가 사는 곳의 역사를 알아가는 것이 좋았다.

네 번째, 아침 독서활동이다. 내 자녀는 학교 끝나자마자 두 세 곳의 학원을 일정한 시간에 코스대로 다니다보니 책을 가까이 하는 시간이 적다. 학교에서 매일 아침의 30분독서는 아이들에게 너무 좋은 것 같다.

주변 태양초 학부모들에게 지사초에 대한 이야기를 해주면, 좋으면 애들도 데리고 다니지 그러냐고 물어본다. 우리 큰아이는 완주에 있는 소인수 학급에 1학년을 다녔다. 지금도 우리 아이는 그 학교에 대한 좋은 기억이 남아 있어 가끔씩 동생한테 이야기해주곤 한다. 그래서 엄마랑 같이 지사초에 다닐 거냐고 물어보면 먼저 하는 말이 친구가 몇 명인데 하고 물어본다. 그러면 4학년은 7명, 6학년은 2명이라는 답에 바로 "싫어"라고 한다. 왜냐고 물어보면, 친구들 수가 너무 적다는 것이다. 나도 무작정 지사초로 데리고 올 수 없는 이유 중 하나이다.

　학생 수가 많으면 여러 교육 행사들을 추진하기 어려운 점은 있겠지만, 이 좋은 혁신학교를 25명이 아닌 더 많은 학생과 학부모가 함께 했으면 하는 아쉬움이 있다. 그리고 토요문학답사 때 4학년 종길이(가명)는 부모님이 같이 할 수 없는 상황이라 어쩔 수 없이 참석하지 못하는 것 같아 학부모로써 마음이 아프다. 내년에 이 행사가 계속된다면 함께 할 수 있는 방법을 찾아보았으면 좋겠다.

이야기 11-2. 김선웅 주무관

직장생활을 한 지 6개월

내가 공무원이 된 지도 벌써 6개월 정도가 지났다. 시보 기간도 종료되어서 어느새 어엿한 공무원이 되었다. 생각해보면, 내가 공무원이 된 것은 단순한 계기 때문이었다. 대학교 2학년에 군대도 전역하고, 어영부영 다시 복학하게 된 나는 문득 어떤 일을 해야 할지 고민하게 되었다. 초중고를 다닐 때, 매번 자신의 꿈을 적으라고 해서 적었었지만, 그건 다 남들이 좋다고 하거나 편하다고 생각하는 직업이었다. 나의 미래에 대해서 진지한 고민도 하지 않았고, 그저 부모님과 선생님들이 공부만을 시키셔서 정신없이 공부만 하였었다. 그렇게 생각 없이 공부하였고, 대학교 때 선택했던 학과도 나의 생각과 무관하게 그저 부모님이 성적에 맞춰 보낸 학과를 가게 되었다. 내가 다니던 학과에 흥미도 없어서 전공을 살릴 생각도 전혀 하지 못했고 내가 무엇을 좋아하는지조차도 나 자신은 알지 못했다.

어떤 일을 할지 찾지 못하던 나는 학과 교수님을 찾아가 상담을 하게 되었고, 교수님께서는 우선 나의 성격 테스트를 통한 진로 찾기를 권유하셨다. 이러한 조언을 받아 나는 성격 테스트를 해 보게 되었는데, 그 결과가 공무원이었다. 그 때는 공무원이 무슨 일을 하는지도 정확히 몰랐고 어떠한 직렬들이 있는지도 정확히 알지 못했다. 다만 국민에게 봉사하는 직업이라는 것만이 내가 아는 공무원에 대한 모든 것이었다. 그리고는 2학년을 마치고 나는 점점 어려워지는 전공과목에 대한 부담감과 더 이상 대학공부에 흥미가 생기지 않아 바로 공무원으로 취업준비를 하기 위해 1년 동안 휴학을 하게 되었다. 그리고 공무원에 빨리 합격하기 위해 합격 평균점수가 낮은 교정직을 준비하였다.

그렇게 시작하게 된 공부. 나는 전주대학교 도서관을 다니면서 공부를 하였는데 처음 한 달 동안은 각오하고 열심히 공부하였지만, 역시나 라면 역시나 혼자서 공무원 공부를 하게 된다면 누구나 빠진다는 샛길로 빠지게 되었고, 결국 나중에 이르러서는 1년 동안 공부는 하지 않고 전주대학교 도서관에서 판타지와 무협소설에 빠져들게 되었다. 휴학을 하고 있는 동안 공무원 공부를 하지 않았다는 것을 알게 된 부모님은 우선 대학교 졸업장이라도 받으라고 하셨고 이에 나는 다시 복학을 하여 대학교를 다니게 되었다.

그리고 2년 후, 대학교를 졸업하게 되고 이제 진정으로 물러날 길 없이 사회생활만을 눈앞에 두게 된 나는 지난번의 실패를 거울삼아 나 자신 안의 놀고 싶은 욕구를 억누르기 위해 안동에 있는 김재규 경찰학원이라는 공무원 기숙 학원에 자진해서 들어가게 되었다. 뒤에는 산이요, 앞에는 논밭이 펼쳐지고 시내로 나가는 버스는 1시간에 1대씩 밖에 오지 않고 입구에는 구멍가게 하나 있는 훌륭한 오지였다. 주변에 놀거리는 것은 존재하지 않고, 스마트폰은 무조건 압수이며 곳곳에 감시카메라는 우리들의 일거수일투족을 면밀히 감시하였다.

그 곳은 남녀 학생들이 같이 공부하는 곳이었는데, 그 곳의 규칙으로는 공부에 방해가 되는 연애도 금지였고 실제로 여자가 남자랑 둘이서 공부를 하는데 여자가 남자의 허벅지를 쓰다듬다가 남녀 둘 다 기숙학원에서 퇴출당하기도 하였다. 그 곳에서 나는 절치부심하여 공부를 하게 되었고 다양한 많은 사람들을 보게 되었다. 갓 고등학교를 졸업하고 들어온 학생들, 다니던 대기업을 그만두고 오신 아저씨들, 자영업을 하다가 들어온 청년들, 이제 곧 공무원 시험만 4수 째인 사람들 등 서로 자기만의 사연을 간직한 채 모두 함께 공무원 시험을 준비하고 있었다. 외출이나 외박도 통제하는 그 곳에서 많은 학생들이 버텨내지 못하고 자진해서 나가기도 하였지만, 나가는 만큼이나 많은 학생들이 또 그곳으로 모여 들었다.

그런 곳에서 바깥세상을 잊고 공부해 온 나를 천지신명이 도우신 것인지 나는 6개월 공부를 하고 본 9급 지방직 교육행정시험에 합격하게 되었다. 이러한 기적에 매일 같이 저에게 공무원 시험에 합격할 리가 없다고 말하시던 어머니는 나를 끌어안고 방방 뛰셨고, 나의 공무원 시험을 만류하던 누나들도 깜짝 놀랐다. 만약 내가 대학교 2학년을 마치고 휴학을 하였을 때 놀지 않고 열심히 공부를 했다면 지금쯤 전주 행복동(가명)에 있는 교도소에서 근무했을지도 모른다. 이런 생각을 해보면 정말 나의 인생은 순간순간의 나의 선택에 따라 바뀌는 것이고, 그렇기 때문에 순간순간의 선택은 어떻게 보면 아무것도 아닌 것처럼 보이지만, 그 선택들이 쌓여서 지금의 나를 만든다는 것을 느끼게 된다.

이야기 11-3. 조유정 주무관

예쁜 색들로 내 스케치북을 채워 나가야지

어느덧 직장인으로서의 삶을 시작하게 된 지 두 달 넘는 시간이 흘렀다. 두 달이라는 시간이 짧게 느껴지기도 하고, 길게 느껴지기도 한다. 그리고 출근을 시작한 지 두 달하고도 10일쯤 지난 오늘, 나는 다른 선생님들께서 무려 2년 간 함께 해 오셨다는 '셀프 스터디'의 마지막 시간을 함께 하기 위해 글을 쓰고 있다. 처음에 '셀프 스터디'라는 프로그램의 이름을 들었을 때 호기심이 들었다. 이름만으로는 구체적으로 무엇을 하는지 짐작하기 쉽지 않았다. 그런데 퇴근을 한 지금, 컴퓨터 앞에 앉아 찬찬히 자판을 누르다 보니 '셀프 스터디'라는 게 뭔지 어렴풋하게나마 알 것 같다는 생각이 든다.

학생에서 직장인이 되었고, 아침마다 출근이라는 걸 하고 있지만, 사실 스스로를 '직장인'이라고 칭하는 건 왠지 조금 부끄럽다. 아직 한 사람 몫을 제대로 해내지 못하는 것 같아서. 다들 어려운 일이 아니라고 하는데 나는 무엇 하나 쉬운 게 없었다. 모든 것들이. 그래서 나를 돌아볼 겨를이 없었다. 앞으로 나아가는 것만으로도 벅찼기 때문에. 그런데 이렇게 편안한 마음으로, 마음 가는 대로 글을 적고 있자니, 오랜만에 모든 일에서 벗어나, 그냥 '나' 자신이 된 느낌이 든다. 짧다면 짧고, 길다면 긴 지난 시간을 되돌아보면서, 나라는 사람에 대해 공부하는 시간. 그래서 이 글쓰기가 '셀프 스터디'인가 보다.

직장에서 하는 것의 일부이니 이 글쓰기 또한 어떻게 보면 일인데, 적다 보니 일을 하는 게 아니라 그냥 쉬는 느낌이 든다. 내 글을 많은 분들이 읽게 되실 텐데, 이런 마음으로, 이렇게 편하게 이 종이를 채워도 되는 걸까? 글을 쓰는 게 힘들지는 않은데, 조심스럽기는 하다. 아직 깊게 대화를 나누어보지 않은 선생님들께 나라는 사람이 어떤 사람인지, 이 글 한 장에 오롯이 담아 꺼내 보이는 느낌이 든다고나 할까? 셀프 스터디를 어려워하는 나에게 선생님께서 주제를 정해 주셨다. 10월에 발령을 받아 일을 시작한 지금까지 내가 소소하게 느낀 것들에 관해 적으면 좋겠다고 하신다. 음, 이런저런 일들이 있었다. 학교에서의 소소한 일들로 즐거워하기도 하고, 처음 직면해 보는 상황에 어려움을 느끼기도 하고, 가끔은 마음처럼 되지 않는 상황에 괜히 울컥하기도 하고.

출근을 시작한 후 지금까지의 내 일상을 물감으로 표현한다면 뭔가 한 가지 색으로 정의하기 어려운 그런 색일 것 같다. 이런저런 색들이 불규칙하게 잔뜩 물들어 어우러진 그림 같은 일상. 하지만 비록 불

완전하고 어설픈 그림일지라도, 조금 떨어져서 바라보면 아름다운 빛을 내고 있을 거라고 생각한다. 어색한 옷차림에 어색한 표정을 하고 10여 년 만에 초등학교 교문을 넘던 때가 정말 엊그제 같은데, 이제는 학교 아이들과 인사를 나누는 것도 처음보다는 제법 자연스러워졌다. 물론 매일 이른 아침 눈을 비비며 일어나는 것은 여전히 힘들고, 어쩌면 평생 나를 힘들게 할 것도 같지만, 그래도 막상 해보니 해볼 만하다. 이 학교가 처음인 게 아니라, 일을 하는 것 자체가 처음이라서 무엇을 해도 어설펐을 나를 많은 분들이 배려해주셨고, 지금도 나는 그 분들의 배려로 매일 이곳에서 무사히 하루를 보낸다. 그렇게 생각한다. 그런 생각을 하다 보면 힘들긴 한데, 힘들지가 않다.

내 그림은 마냥 예쁜 색만으로 색칠된 게 아니지만, 그래도 예쁘다. 군데군데 묻어 있는 어두운 색들도, 모두 내가 겪은 소중한 일상의 일부다. 일을 시작한 이후, 매일매일 그림을 그려 나가는 것 같은 기분이다. 물론 열심히 그릴 생각이다. 최대한 예쁜 색들로 내 스케치북을 채워 나가야지.

부록

혁신학교 운영계획서

소통과 배려로 함께 가는 지사행복교육

2017 혁신학교 운영계획서

지사초등학교

Ⅰ. 지사행복교육의 기본 방향

지사초등학교는 작지만 아름답고 활기찬 학교입니다.

지사교육가족이 추구하는 혁신학교의 기본 방향은 다음과 같습니다.

하나, 학생들이 배움의 즐거움을 느끼며 공부하여 삶과 연결되는 참학력을 기
　　를 수 있기를!

둘, 제자의 성장을 바라보며 교사들이 가르치는 기쁨을 맛 볼 수 있기를!

셋, 학부모와 지역사회가 학교를 신뢰하고, 학교에 대한 자긍심을 느낄 수 있
　　기를!

넷, 세월이 흐르고 사람이 바뀌어도 지속가능한 좋은 지사초등학교가 되기를!

학교의 철학 및 비전, 혁신학교 속으로

교육목표	특색교육 및 중점과제
더불어 배우며 꿈을 가꾸는 미래사회 창의인재 육성 건강인　자주인　미래인　창의인	더불어 배우며 꿈을 가꾸는 미래사회 창의인재 육성 오감만족 감성교육　학부모와 함께 성장하는 지사가족문화 형성　기본이 바로 선 예절교육

JISA 교육

추진전략	학교의 여건
학교 공동체의 민주적 운영 배려와 협력으로 모두가 행복한 학교 창의적으로 생각하며 삶의 힘을 기르는 학생　열정과 실력으로 사제동행하는 교사　믿음과 협력으로 언제나 함께하는 학부모	관리자　공동체구성원　학교 변혁적인 리더십　다양한 소통의 장을 통해 협력적 관계 형성　가능성 있는 작은학교

행복한 배움과 성장

소통과 배려로 함께 가는 지사(J.I.S.A)행복교육

J(Jump)

Jump 지사

새롭게 도약하는 학교

I(Impression)

Impression 지사

감동을 주는 교육

S(Smile)

Smile 지사

웃음이 넘치는 지사교육가족

A(Ace)

Ace 지사

모두가 최고가 되는 교육

Ⅱ. 지사행복교육을 위한 혁신학교 추진 계획

지사초등학교가 혁신학교를 운영하면서 추진하고자 하는 과제는 다음과 같습니다.

추진과제1. 교육공동체간의 존중과 소통, 협력을 바탕으로 한 **학교문화 혁신**
추진과제2. 수업 혁신과 교사 성장을 위한 **전문적 학습공동체 구축**
추진과제3. 학생의 창의성, 감성, 인성 함양을 위한 **교육과정 혁신**
추진과제4. 학부모 및 지역사회와의 연계를 통한 **행복한 교육공동체 만들기**

추진과제 1. 교육공동체간의 존중과 소통, 협력을 바탕으로 한 **학교문화 혁신**

구분	내용	비고
1) 참여와 협력의 학교문화 조성	●교직원 간의 협력적 집단지성으로 민주적·합리적 의사 결정 　-매일 점심시간 활용 20분 교사 다(茶)나눔 다(多)나눔 시간 확보 ●교내 전교원이 참여하는 독서토론 동아리 운영 ●희망 교직원이 참여하는 예술동아리 운영 ●업무경감시스템 적용으로 교육활동 중심의 학교 운영 ●학생의 성장을 돕기 위한 학부모와 교사의 동행	
2) 학생의, 학생을 위한, 학생에 의한 학생참여문화 확대	●매월 1회, 전교생의 생각을 나누는 뜸회의 실시 ●학생자치실 확보하여 학생들이 상시 활용할 수 있도록 함 ●학교 운영 및 학년교육과정 운영에 대한 학생들의 의견 중시 　-함께 만들어 가는 학교문화 조성 ●뜸회 주관 행사 기획 및 예산 집행으로 학생들의 공동체의식, 주인의식 함양(1차년도: 학기별 1회 →2차년도: 학기별 2회) 　-1학기: 테마식 체험학습, 가족캠프에 대한 생각 나누기 　-2학기: 지사장터, 종합학습발표회에 대한 생각 나누기 ●학교운영위원회 학생 참관제 운영 시도(희망 학생) ●학생 인권 조례에 따른 학교 생활 규정 제·개정에 학생 참여 보장	
3) 나눔과 배려가 있는 학교문화 조성	●중점교육으로 '기본이 바로 선 예절교육' 운영 {표} 언어문화 개선운동 / 기쁨을 주는 말 사용 생활화 {;} 다(茶)나눔, 다(多)나눔 / 사제동행, 차 마시며 이야기 나누며 자연스럽게 예절교육과 인성교육 실시 {;} 생활약속 5기 실천 / 기본 예절 습관화·생활화가 잘 된 학생을 '행복 나눔둥이'으로 선정하여 시상 및 지사상품권 지급 ●학교비전 '소통과 배려로 함께 가는 지사행복교육' 새겨진 지퍼화일 제작하여 지사교육가족에게 배부	

추진과제 2. 수업 혁신과 교사 성장을 위한 **전문적 학습공동체 구축**

구분	내용	비고
1) 교사의 성장을 바탕으로 한 혁신 학교	●self-study를 통한 전문성 신장 및 학교 혁신 도모(2년차 지속) -주제:학교의 이해와 개선을 위한 자기연구 방법의 이론과 실제 -일시:연간 7회/매월 말 '교육과정 평가 ●반성의 날' -전문가 초청 연수 및 세미나를 통해 교육활동에 대해 매월 '나의 글' 쓰기, 전 교원의 글을 엮어서 저서 발간(장기목표) → 혁신의 변화 및 발전 과정을 교사의 글쓰기를 통하여 기록·관리하고자 함 ●주1회 '배움공동체의 날' 운영 ●학년군별 수업친구 맺기-상호협력 수업공개 실시	
2) 함께 배우고 함께 성장하는 교사	●학생의 기초학습능력 향상을 위한 연구 활동 ●수업전문성 신장과 교사 역량 강화를 위한 정기적 연수 및 학습공동체 구축 -전 교원이 참여하는 독서토론 동아리 운영(월 1회) -학부모와 함께하는 독서 모임에 자발적 참여 -수업에 도움이 되는 '그림책' 연구 활동(월1회, 희망교사) ●교사 전용 연구실 확보로 함께 연구하는 풍토 조성 ●각 학년 담임교사 협력 가치·덕목 중심의 도덕 수업 연구 실시	
3) 학생과 교사의 학교생활 공개의 날 운영	●학부모의 1일 학교생활 체험 기회 제공 -희망 학부모에게 자녀의 학교 생활 체험 기회 제공 -자녀와의 소통, 담임교사와 가정과의 연계지도 가능 ●학부모 대상 공개수업 3회 실시(3월,9월,10월) ●교사의 가족 초청 '가족 직장 공개의 날' 운영 -희망 교사의 가족을 초청하여 수업공개 및 직장 생활 안내 -교사가 가족(부모,형제,배우자,자녀 등)에게 수업을 공개하고 학교 생활을 공개함으로써 교직에 대한 자긍심을 심어줌으로써 수업전문성 신장을 도모하고자 함	

추진과제 3. 학생의 창의성, 감성, 인성 함양을 위한 **교육과정 혁신**

구분	내용	비고
1) 학생의 미래와 삶을 생각하는 교육과정 편성·운영	●진로(탐색)활동 강화를 통한 참학력 신장 -전교생 연 2회 임실영어체험센터 입소 -임실 청소년 진로·예술 어울마당 참여(전교생) 교육과정 반영 ●감성동아리 활동을 통한 학생의 감성 자극과 창의성 신장 -시민행동 21과 연계한 감성동아리 20시간 운영 　(그림책놀이, 책놀이, Ucc&미디어 동아리)	
2) 꿈.꾸.지 (꿈을 꾸는 지사) 프로젝트 학습 실시	●학기별 1회 이상 융합인재교육 실시 ●4계절 주제중심 프로젝트 학습 실시 -봄YELLOW, 여름GREEN, 가을RED, 겨울WHITE 프로젝트 ●학년별 실태에 알맞은 덕목을 설정하여 덕목 중심 프로젝트형 인성교육 실시 ●1인 1자유탐구활동을 통해 자기주도적 학습능력 향상 -3~6학년을 대상으로 과학시간에 탐구의 기초에 관한 지도 후, 여름방학 기간동안 1인 1자유탐구 활동을 하도록 함	
3) 참학력 신장을 위한 노력	●사제동행 아침독서 -일과운영 시간 조정으로 매일 아침 '30분 독서 시간' 확보 -전교생이 교장·교감 선생님을 비롯한 담임선생님들과 함께 도서실에서 책을 읽으며 하루를 시작함 -아침독서 시간을 활용하여 연간 독서 프로젝트 운영 ●한자 자격 검증 시험 응시 기회 부여 -전교생을 대상으로 연2회 실시 ●자기주도 온라인 영어학습을 통해 영어 활용 능력 향상 -3~6학년 전체 학생을 대상으로 실시	
4) 문화·예술·체육 교육 강화	●만화, 애니메이션(25주) 예술강사 협력 수업으로 학생들에게 다양한 분야의 예술을 접해 볼 수 있는 기회 제공 ●학년군별 교사간 협력수업으로 보다 전문적인 체육 교육 실시	

추진과제 4. 학부모 및 지역사회와의 연계를 통한 **행복한 교육공동체 만들기**

구분	내용	비고
1) 학생의 지역사회에 대한 이해 높이기	●지사그린터치아이 활동을 지역 내의 여러 시설 둘러보고 지사면에 대해 알아보기 -연간 6회 실시 예정 (지사면 내 5개 시설 방문, 1회는 노인정 봉사 활동 실시) ●지사의 역사를 찾아서 (중장기적 목표) -5,6학년 학생을 대상으로 지사그린터치아이 활동과 사회 교과의 역사 분야를 연계하여 지사의 역사에 대해 조사, 탐구	
2) 학교시설의 적극적 활용	●지역주민에게 체육관 개방 -야간시간 체육관 개방을 통해 지역주민들의 학교에 대한 친근감 가지게 하기(주2회) ●학부모, 지역주민에게 학교 도서관 개방 ●농촌유학센터 활성화 -지역사회 및 농산촌유학 전국 네트워크와 연계한 농촌유학 활성화 계획 수립 -농촌 유학생 홈스테이 및 유학 체험활동 홍보, 유치	
3) 학부모의 학교 참여 확대	●사지사랑 학부모 독서 모임 -월1회, 학부모와 교직원이 함께 하는 독서 모임을 통해 지사교육가족 간의 공감대 형성(2015년부터 이어짐) ●가족과 함께 하는 토요문학기행 -지사교육가족 모두가 함께 할 수 있는 토요문학기행을 연3회 실시 예정(1차년도 연4회→2차년도 연3회→3차년도 연2회) ●가족캠프 및 가족놀이한마당 실시 ●학부모 협력 수업 실시 -학부모회와의 협력으로 지사그린터치아이 활동 '지역사회에 대한 이해 높이기'의 효율을 높임	
4) 지역사회 및 지역학교와 협력적 관계 구축	●만지역아동센터, 지사랑작은도서관 등 지역사회와 연계한 돌봄 기능 강화 ●지사중, 지역사회와 함께 하는 종합학습발표회 ●지사중학교와의 연계지도를 통해 학생의 지속가능한 성장 돕기	

Ⅲ. 예산 사용 계획

-생략-

Ⅳ. 기대 효과

혁신학교 운영을 통해 지사초등학교는 다음과 같은 학교가 되기를 기대합니다.

첫째, 학생들이 배움의 즐거움을 느낄 수 있는 학교가 될 것이다.

둘째, 교사들이 가르치는 기쁨을 맛 볼 수 있는 학교가 될 것이다.

셋째, 학부모와 지역사회가 신뢰하고, 자긍심을 느끼는 학교가 될 것이다.

넷째, 세월이 흐르고 사람이 바뀌어도 지속가능한 좋은 학교가 될 것이다.